Danksagung

Für das Zustandekommen der Illustrationen in diesem Buch bedanke ich mich besonders:
1. bei Herrn Knut Klawutke, Berlin-Wedding, der freundlicherweise für den Urbayern Modell stand.
2. beim Alpenbrauch-Verleih „Mors-Mors", Hamburg-Blankenese, der uns für das Modell Lederhosen, Wadlstrümpfe, Gamsbarthüte und andere typisch bayrische Kleidungsstücke zur Verfügung stellte.
3. beim Fensterl-Leitern-Fabrikanten Fu-Wang-Peng, Peking, Ho-Tschi-Minh-Pfad 10, der übrigens auch durch die Herstellung der „Original-Bavarian-Plastic-Window-Ladder" (nur echt mit dem Drachenkopf) die Aufrechterhaltung dieses Brauchtums sicherstellt.

Helmut Zöpfl

Zum G'sundlachen

rosenheimer

Inhalt

Das moderne Theaterstückl	6
Zukunftstraum	8
Die Heimatfilm-Renaissance	10
Fremde Namen	12
Aufklärung	14
Späte Lust	15
Vorm Nachlaßgricht	16
Der Kanarienvogel	17
Bayerischer Protestsong	18
Die Verwarnung	20
Geheilt entlassen	22
Es werd scho wieder wern	23
Rezept gegen Liebeskummer	25
Vielleicht / Verwechslung	26
As dritte / Ja, früher	27
Der Brief	28
Der Besuch	29
Kleider machen Leute	29
Der Report-Fuim	30
Erratn	31
Sauna	32
Ausverkauf	34
Die Erfindung	35
Die dritte Möglichkeit	36
Der Stadtbesuch	38
Der Bubi	39
Der ogmalte Stier	40
Des mechat i für mei Lebtag gern	42
Die Kündigung	43
Die Schönheit	44
Das Billett	45
Der Schmuser	47

Die Stehparty	48
Die perfekte Braut	50
Nix passiert	51
Tips für Norddeutsche	52
A Buamahosntaschn	53
Heimweh	54
Und zwoatens	55
Staand koa Wolkn	57
Der Fehlschuß	58
Werd scho no	59
Der wamperte Vampir	60
Der bessere Vorschlag	63
Versöhnung	64
Letzter Wille	65
Des Wilddiebs Abschied	66
Es is halt nix wia früahra nimmer	70
Knödl-Olympiade	72
Die Versteigerung	74
Die Begegnung	76
Die antiautoritäre Erziehung	78
Geheimtip	81
Zurück zur Natur	82
Die Rennkuh	84
So a Schreck	85
Der Künstlername	86
Beim Nervendoktor	87
Das bessere Angebot	88
Sprachfehler	89
Das Heimatlied	90
Geht net / Veränderung	92
Münchner Freuden	94
Oskar Weber über Helmut Zöpfl	95

Das moderne Theaterstückl

Gspannt sitz i im Theatersaal,
neugierig bin i kolossal:
Heut abnds, da spuins was auf modern.
... Pst ... Vorhang auf ... Doch nix zum hörn
und nix zum seing für lange Zeit,
bis wer dann furchtbar greißlich schreit,
so ungefähr a Viertlstund
und des ganz ohne jedn Grund,
weil auf der Bühne neamd ma siecht
und drom auch gar nix gschiecht:
De Bühne is ganz kahl und leer,
von hintn kimmt des Gschroa wo her.
Jetzt schreins sogar zu zwoata glei.
Der Vorhang fallt. Akt oans vorbei.
Der zwoate Akt: As Bühnenbuid,
auf dem jetzt unser Stückl spuit,
des gfallt mir jetzat wirkli guat,
denn da flackt wo a lila Huat,
danebn, steht a alts Klavier,
a Kanapee, zwoa Tragl Bier
und a Potschamperl ohne Griff.
Da geht's scho o, ma hört an Pfiff
und siegt an Mo mit Bart und Bruin
mit so am Flitscherl Fangsterl spuin.
Nachara Zeit bleibns endli steh
und hockan se nebn's Kanapee.
Und scho werd aa glei diskutiert
über des alls, was scheins geniert:
An Herrschaftszwang, de Repression,
Ausbeutung, Leistung, Konvention.
Er ziagt se aus sein linken Schuah.
Akt zwoa vorbei, und Vorhang zua ...

Und bist recht schaugst, geht's wieder o:
Jetzt siegst an langhaaradn Mo
mit ara Kerzn in der Hand
und am dahautn Gammlergwand.
Der schimpft gach nei ins Publikum,
hoaßts alle spießig, dappig, dumm,
was aa die Leut schein's narrisch gfreut,
weils Beifall klatschn wia net gscheit.
Doch der streckt eahna Zunga raus
und zoagt an Vogel ... Mordsapplaus.
Dann ladt er all auf Kirchweih ei.
Der Vorhang fallt. Akt drei vorbei.
Und jetzt zum Höhepunkt des Stücks
siegst wieder mal a Zeitlang nix.
Auf oamal singt a Gsangsverein
ganz pudlnackert „Hänschenklein".
Dazua tanzt drobn am Kanapee
a ganz alts Weiberl Schwanensee,
steigt dann no auffe aufs Podest,
rülpst laut und schreit dazua: „Protest!"
Dann werd des Kanapee verbrennt,
und scho is des Theater z'End.
As Publikum des Lobes voll
schreit „„dufte", „Klasse", „Spitze", „toll",
„Ja endlich wieder mal ein Stück
mit Engagement und voll Kritik."
Aa d' Zeitung hat's guat kritisiert.
... Bloß i hab leider nix kapiert.
Mir is des Ganze unklar bliebn.
... Dabei hab i des Stück doch gschriebn.

Zukunftstraum

In oanazwanzg Jahr und zwoarazwanzg Tag,
da geh i endli genau aufn Schlag,
des kann i euch sagn, da gfreu i mi scho,
wenn nix mehr passiert, in mei Pension.
In oanazwanzg Jahr und zwoarazwanzg Tag,
da konn i bloß des doa, was i grad mag:
In der Fruah, wia's mir paßt, im Bett drin liegnbleim,
nachm Aufsteh a wengerl an Frühsport no treibn,
damit ganz gwiß aa der bayrische Staat
no möglichst lang sei Freud an mir hat.
Am Karl May wer i dann all seine Bänd
(vom „Wilden Kurdistan" bis zum „Old Shatterhand")
in Ruah nomal lesn bei am Schalerl Kaffee,
an am Regntag ins Deutsche Museum nei geh,
Zeitung durchfiesln von vorn bis ganz hint,
und wenn i was Bsonders, des se heut grad duad, findt,
mit der Pensionistenkartn in d'Stadt einefahrn,
dabeisei und zuaschaung bei irgendam Schmarrn:
Wenn was eröffnet und eigweiht werd wo,
und der Burgermoaster zapft dabei o,
wenn wo irgend a seltener Heiliger redt,
daß am 17. Mai endli d'Welt untergeht,
in de Gschäfter in der Stadt rummaschiern
und aa, wenn i nix kauf, de Preise studiern.
Eisstockschiaßn am Kanal oder See,
beim Viktualienmarkt in dem kloana Café
in Illustrierten blattln a weng,
bei a Grichtsverhandlung nachm Rechtn seng.
In Kripperlmarkt geh und in d'Auerduit,
zuahörn, wenn am Altn Peter d'Turmmusi spuit.
Auf am Bankerl wo hocka in aller Ruah,
a paar kloane Buam schaung beim Fuaßballspuin zua.

Schaung, ob i nomal de Schlupfwinkel findt,
im Flaucher drunt, wo i gspuit hab als Kind.
Ins Fotoalbum Buidl neiklebn,
und a wengerl in der Erinnerung lebn.
Nachdenka übers Lebn und sein Sinn,
aa wenn i vielleicht net vui weiter da kimm.
Des doa, was i jetzt alls verschiab voller Hast,
weil mir d' Zeit de ganz Zeit koa Zeit dazua laßt.
Aber bis dahin san leider, wia grad scho gsagt,
no oanazwanzg Jahr und zwoarazwanzg Tag.

Die Heimatfilm-Renaissance

Warn bis jetzt in de Kinos drin
grad no de hartn Sexfuim „in",
so san, des hat ma mir z'nachst gsagt,
jetzt Heimatfilme wieder gfragt.
Wo's gspuit ham grad no „Wilde Lust",
da jodelt jetzt aus voller Brust
die Sennerin von St. Kathrein,
es röhrt der Hirsch vom Wendelstein
und wo man grad noch strip-geteast
der Wildrer Lois auf Gamserln schießt.
Statt „Leidenschaft am Nachmittag"
dreht heimlich sich das Mühlenrad
und statt der Mutzenbacherin
rauscht leise wo der Wildbach hin.
Der Gletscher ruft, der Enzian blüht
der Waldbub singt sein Heimatlied.
Im Silberwald der Nachtigall,
der Jager lauscht am Wasserfall.
So san de Fuim voll Poesie
voll Innigkeit und Nostalgie.
Und drum faand i s' ja wunderschön,
waar da net leider des Problem,
daß hier in Bayern allbekannt
de Fremdn nemma überhand
und daß de Bayern wenga wern
beziehungsweise aus gar sterm,
daß' aa de Bräuch, die einst beliebt,
im Alpenraum es kaum mehr gibt.
Wo kammerfensterlt noch der Bua,
wo tanzt er Watschn, plattlt Schuah,
wo schiaßt auf d'Gamserl schwarz und braun
ein Wuiderer noch im Morgengraun?

Jedoch a gscheiter Produzent
da trotzdem stets an Ausweg kennt.
In Absprach mit seim Fuimverleih
setzt er jetzt Gastarbeiter ei:
So spuit de resche Sennerin
de Heike Schulze aus Berlin,
den Schorsch, der fallt in d'Mistgruam nei,
a Stuntman macht aus der Türkei,
den Jagerlenz vom Loisachtal
den spuit der Jupp aus Wuppertal.
Zum Watschntanzn tretn o
Karate-Leut aus Tokio.
Aa d'Requisitn ungeniert
hams aus'm Ausland importiert.
De Wadlstrümpf und Lederhosn
und aa de Gamsbarthüat de großn
fliangs glei vom Alpen-Brauch-Verleih
„Mors-Mors" in Blankenese ei.
Für Loatern hams als Lieferant
den Fensterln-Leitern-Fabrikant
und Großvertriebsmann Fu-Wang-Peng
in Peking, Ho-Tschi-Min-Pfad zehn.
De Misthaufa, de Odlgruam,
de Mitterdirnen, Holzknechtbuam
und aa des Häusl mit dem Herz:
Alls kimmt von aus- und anderwärts.
Natürli kimmt der Regisseur
von drom aus Bremerhaven her.
Sonst waarn de Fuim, wia gsagt, net schlecht.
Grad is halt leider fast nix echt.
Bloß oans des stimmt drin ausnahmsweis'.
Den Kurgast spuit a echter Preiß.

Fremde Namen

Bestimmt habts ihr euch hie und da
scho denkt: „Ja gibt's den so was aa?"
wenn ma bei uns jetzt öfter wo
an Nam hört wia Euphorio,
Panagiotis, Perikles,
wia Mustafa, Themistokles,
Jaminka und Dimitrios,
Odyssa und Xanthopoulos
Theophylos und Mohamed,
Gerasimos und Sulamed.
Nix gega unsre Gastarbeiter,
taufts d' Kinder aa von mir aus weiter
nach Heilige aus eurer Gmoa,
doch denkts aa bitscheen dro, der Kloa,
der Bua, des Madl ham's fei schwer,
wenn auf der Straßn irgendwer,
im Schuihof oder sonst wo schreit:
„Panagiotis, bist soweit?"
Wenn's bei am Fuaßballspui hoaßt mal:
„Euphorios, an Flanknball!"
Bal d' Muichfrau fragt: „Wassilio,
was kriagt nacha dei Mama no?"
Drum machat i an Vorschlag jetzt,
den wos ihr sicher guat verstehts:
Mia ham scho vor vui hundert Jahr
was gschafft, des war bestimmt aa schwar.
Mia ham aus Josef gmacht an Sepp,
an Sepperl oder aa an Bepp,
Antonios is worn zu Toni,
und de Veronika zur Vroni,
Schorsch ham ma aus Georgios gmacht,
oder er hat's zum Girgl bracht.

Franziskus is bei uns der Franze,
Johannes allbekannt der Hanse,
Bartholomäus is der Bartl
und Leonhardus dann der Hartl.
Warum, so frag i jetzat glei,
sollt des net wieder möglich sei?
Dimitrios werd dann zu Dimmerl,
so wia der Simon einst zum Simmerl,
so wia der Stephanus zum Steffe
werd Zeffirino dann zum Zeffe,
Panagiotis wird zum Pangerl,
Xanthopoulos halt dann zum Xangerl,
Gerasimos, des is der Rasi
und der Wassilio der Wasi,
zum Stockerl werd Themistokles,
zum Krattl dann der Sokrates.
So ist zwar möglich, daß de Kathl
amal mitm Stockerl und mitm Krattl
im Karussel fahrt auf der Duit
und daß mit eahna Fangsterl spuit.
Doch kaannt's sehr leicht aa möglich sei,
daß mia in Bayern gar derwei
fast koane Schorsch und Sepp mehr ham.
Da hoaßn d'Leut bloß Jens und Jan,
Wulf-Dieter, Heike, Uwe, Kai.
... Und mia wern Gastarbeiter sei.

(Nach einer Idee von Helmut Seitz)

Aufklärung

„Du Franze", moant der Vater, „gei,
sei heut a gscheiter Bua.
Geh ja net zu der Muatta nei
und laß ihr bloß ihr Ruah.
Regs ja net auf und sei recht stad,
weils nämli schlafa muaß!
Woaßt, weils der Storch heut nacht erst grad
neizwickt hat in ihrn Fuaß!"
„De arme Mama", sagt der, „mei,
des is ja fürchterlich.
Zerst de Entbindung, Papa, gei,
und jetzt zwickts no des Vieh."

Späte Lust

„Geh helfans ma, Herr Doktor doch",
hat der oid Schwimmbeck klagt,
„in letzter Zeit passiert's ma oft,
daß d'Leidenschaft mi packt,
dann renn i junge Madln nach,
wenn i oa laufa seh,
da überkommt's mi richtig gach,
i konn net widersteh!"
„Ja no, Herr Schwimmbeck, sans doch froh",
hat drauf der Doktor gsagt.
„Mit siebzge so vital sei no,
is doch koa Grund zur Klag!"
„I dad mi ja net desweng ab",
moant der, „es is grad drum,
wenn i a Madl eigholt hab,
woaß i net mehr, warum."

Vorm Nachlaßgricht

A jeds moant, daß er net gscheit siecht,
wia neulingsmal im Nachlaßgricht
der Witwer Haberl kimmt in Saal.
Da hat der nämli, sag amal,
doch glatt an lila Huat am Kopf,
a Perlenkettn um sein Kropf,
a rotkariertes Weibergwandt,
a Damentaschn in der Hand
und zu allm Überfluß dazua
mit hohe Absätz Frauenschuah.
Der Richter schaugt'n ganz lang o,
dann endlich sagt er: „Guater Mo,
sagns ma, was solln denn solche Pflanz?
Vorm hohen Gricht gibt's koane Danz!
Sie san doch net auf Fasching da!
Was soll de Maskerade, ha?"
Der Haberl schaugt verdaddert drei
und jammert: „Hohes Gricht, ja mei,
da konn doch i nixn dafür,
de Schuld liegt wirkli net bei mir.
Mir bleibt nix anders übrig net,
schaugns selber, was in Ihrm Briaf drin steht:
Erscheinen Sie, hoaßts da genau,
in Sachen der verstorbnen Frau!"

Der Kanarienvogel

„I hätt gern an Kanari ghabt",
so hat im Tiergschäft drin
de Witwe Siebzehnrübl gsagt,
„a Vogerl, des schee singt."
„Da schaungs", hat der Besitzer gmoant,
„dort in den Käfig nei.
Da drinna hätt i grad no zwoa,
de kanntn richtig sei."
Im Käfig san zwoa Vögerl gwen,
der oa hat unbeirrt
in oaner Tour und wunderschön
sei Liad raus tiriliert.
Der ander ist ganz lätschert grad
im Käfig ghockt danebn,
hat gfreßn bloß und hat akrat
koan Laut net von se gebn.
„Des oane Vogerl hätt i gern",
hats gmoant, „des so schee singt."
„Geht net", moant der, „weils abgebn wern
bloß dem, der beide nimmt!"
„Der ander", bstehts drauf, „is ma z'lahm,
weil der net singt, bloß frißt."
„Huift nix", moant der, „de zwoa ghörn zamm,
des is der Komponist!"

Bayerischer Protestsong

Kemmts, Bayern, tanzt an Watschntanz,
macht für de Fremdn eure Pflanz,
jodlts, aa wenn ses gar net kennts,
des gfreut de Heike und an Jens,
halts eure Dorfdeppn parat,
damit a jeds sei Gaudi hat.
An Heimatabend arrangierts,
da wos euch richtig dann blamierts,
ziagts ab de bläde Bayernschau,
denn des, des wui ma seign genau.
Zoagts alle, daß no dümmer seids,
wia s' sowieso scho glaubn bereits.

Stellts eure Uhren wirklich nach aa,
und gebts de andern Grund zum Lacha.
Saufts, wia ma's von euch oiwei liest,
aa wenns euch net nach Saufa is.
Und machts de andern allsamt nach,
schamts euch aa über euer Sprach,
sagts oiwei zu oam von der Spree
bloß ja net „naa", sagts liaber „nee!"
Betonts recht häufig, daß de Schuin
bei uns bloß auf Verdummung zuin.
Und sagts von euch aus glei spontan,
daß mia in allm as Schlußliacht san!
Deats übers Eigene bloß klagn,
glaubt alls, was euch de andern sagn!
Pflegtsn den Deppn Status quo,
damit ma euch dablecke ko!
Entschuidigts euch, deats euch geniern
und laßts euch, wo's geht, bloß missioniern!
Pappts euch aufs Auto a Plakettn
mit so am Bayern, so an fettn,
oan mit am rot aufdunsna Gsicht,
wo sinnig schöne Worte spricht,
daß er a Bayer, host mi, is,
und außerdem schreibts über dies
no nauf, daß heut auf d'Nacht
de Preußn allsamt ab wern gschlacht,
schreibts nauf aa, daß ma euch glei kennt
Fixalleluiasakrament,
Denn solchernes beweist sodann,
wie „lustig" doch mia Bayern san.
I wünsch euch dafür dann voll Läus
an Kopf, mitsamt Sendlinger Beiß,
dazua an Hals, grad so an langa,
daß d'Arm zum Kopfkratzen net glanga.

Die Verwarnung

Der oide Haberl Ferdinand
is mit achtzig Jahr no guat beinand.
Er is sogar no so auf Draht,
daß er mitm Radl oft durch d'Stadt
naus zu seim Spezi außefahrt
und so se dann de Trambahn spart.
Sogar im größten Stadtverkehr
duad se der Haberl net recht schwer.
Jetzt neuli habns zwengs irgend was
für ara Zeit akrat de Straß,
da wo er durchgfahrn is oiwei
abgsperrt zwengs ara Bauerei.
Den Haberl hat des net geniert,
er fahrt net um, weil's eahm pressiert.
Doch wias der Teife habn wui na,
steht heut akrat a Schandi da.
Der hatn aa glei aufgeklärt:
De Straßn waar seit neuem gsperrt
und s'nächstmal kostat eahm der Gspaß,
wenn er derwischt werd, fei dann was.
„Scho recht", moant er, „i merk mas scho",
und fahrt mitm Radl schnell davo.
Am nächsten Tag – der Haberl stur
fahrt ganz genau deselbe Tour.
Scho wieder steht der Schandi da:
und schimpft aa glei: „Ja sagns denn, na,
ham Sie des gestern net kapiert,
daß jeder jatzat aufgschriebn wird,
der wo no durchfahrt durch de Straß?
Zehn Markl kostat Sie der Gspaß,
i sag's im guatn, liaber Mo!"
„Scho recht", moant der und fahrt davo.

Am nächstn Tag – der Haberl stur
fahrt no amal deselbe Tour.
Und wia's der Teife wui so ham
der Schandi kimmt und schimpft'n zsamm:
„Was falltn Eahna eigntli ei!
Fahrt der scho wieder jetzt da nei!
Sagns mir amal, kapierns des net,
daß des jetzt einfach nimmer geht?
Durchfahrt verbotn in jedm Fall.
Heut sag i's wirkli s'letztemal!"
„A s'letztemal?" fragt da der entsetzt,
„ja, sagn's werdn Sie vielleicht versetzt?"

Sprüch

„Vater hab i koan und Muatter aa net", hat der Bua gsagt,
„weil mi hat mei Tant als a lediger ghabt."

Aa beim Sterbn, hat er gmoant, dad's verschiedn doch sei,
der oa, der stirbt leicht,
und der andere geht drauf fast dabei.

Guat, daß er gstorm is, hat d'Nachbarin gsagt, der alt
Wimmer, lang glebt hätt er sowieso nimmer.

Geheilt entlassen

Scho länger stimmt's beim Rentner Franz
im Oberstüberl nimmer ganz.
Sonst waar er eigentli ziemli gsund,
bloß moant der Franz, er is a Hund.

Drum hat se neamad gwundert net,
wia von eahm neuli s'Gerücht umgeht,
er kaam für a paar Wocha halt
nach Eglfing in d'Heilanstalt.

Tatsächlich hat ma für a Zeit
eahm nirgnds gseing mehr weit und breit.
Da lauft mir neulich doch vor d'Füaß
der Rentner Franz, den i glei grüaß:

„Ja, der Herr Franz! Wia geht's?
Wieder im Lande, ha, wia stehts?"
„Guat", moant er, „geht scho, ja,
bin aus der Anstalt wieder da."

„Ah geh", sag i und stell mi dumm,
„Sie in a Anstalt? Sagns, warum?"
„Hab glaubt, daß i a Hunderl bin.
Desweng war i in Eglfing."

„Ja so was", sag i, „Sie a Hund?
Und jetzat, glaubns, sans wieder gsund?"
„So gsund", sagt er, „wia niamals no.
Da, fuins mei nasse Schnauzn o!"

Es werd scho wieder wern

Jede Wolkn ziagt mal weiter,
und de Sonn spitzt wieder raus.
Nix hängt bloß nach oaner Seitn,
aa des Ärgste is mal aus.

Nimm as Lebn net gar so tragisch.
Dua da d' Zeit net bloß verderbn.
Lach und sei a wengerl lusti:
Aa der Traurige muaß sterbn.

In an no so dunkln Keller
leucht amal a Liachtl nei.
Und du woaßt: Auf jedn Winter
kimmt bestimmt der nächste Mai.

Sieg net oiwei bloß as Schlechte.
's werd scho wern, is aa net glei.
Und was Bessers wiaran Tod, woaßt,
findst bestimmt no allerwei.

Dua aus allm as Beste macha,
dua net oiwei glei verzang.
„'s geht scho aufwärts" hat der Spatz gsagt,
den d' Katz am Baam hat aufetrang.

Mal dir selber bunte Tupfer
nei ins Leben, wenn's grad recht fad.
„'s werd schon liachter", hat der sell gmoant,
wia der Sturm 's Haus abdeckt hat.

Rezept gegen Liebeskummer

Wenn's di in der Liab amal sauber derpackt,
wenn's di amal zwengs am Madl rumschlagt
und du moanst scho, de ganze Welt fallert ei
und du kaanst ohne sie halt gar nimmer sei,
und sie, de ander, macht se nix draus,
und wennst as recht bettlst, na lachts di grad aus,
na woaß i dir an recht guatn Rat,
den wo mir mei Freund, da Sigi, gebn hat:
Stell dir des Madl vor in vierzg Jahr
ohne Schminkn und mit ganz wuid zraapfte Haar,
recht schialich und greußlich zammzupft und gschlampert
und wiara aufgagngna Hefetoag wampert,
daßn überall nausdruckt zum Gwandt ihran Speck,
mit Faltn, de wo koa Kosmetikcreme deckt,
recht bissig und keifert, weils fast alle Tag
Migräne und andre Wehwehzerln halt hat,
mit am doppeltn oder gar am dreifachn Kinn.
laß' aa so möglichst oft auf und abgeh im Sinn.
Werst seng, des huift dir a weng drüber weg über d'Zeit
... bis di halt dann bei der Nächsten derkeit.

Vielleicht

„Von dem, was oam der Doktor sagt",
so hat der Schwimmbeck gredt,
„da halt i gar nix mehr scho lang,
bei mir stimmt des alls net:
I rauch am Tag zwanzg Zigarrn glei
und mei Virginia,
und zwoa, drei Maßerl allerwei,
de trink i fei scho aa.
Und trotzdem", moant er, „seign ses gei,
bin i jetzt achzge grad."
A Herr schaugt drauf recht skeptisch drei
und hat dann schließli gsagt:
„Des konn ma fei net einfach sagn,
denn wißns, liaber Mo,
wenns raucha net und saufa dadn,
waarns vielleicht neunzge scho!"

Verwechslung

„Ja sowas", moant der Gsangl, „na,
ja, is des möglich, gibt's des aa!"
Schüttlt an Kopf und geht
auf oan zua, der am Eck dort steht.
„San Sie's oder Ihr Bruader gwesn,
von dem i hab de Nachricht glesn,
daß er – entschuidings scho Herr Korn –
is in der letztn Wochn gstorm?"
Der Korn schaut ganz verdaddert drei
und moant: „Des muaß na i scho sei,
mein Bruader hab i vor a Stund
no gseing, da war er pumperlgsund."

As dritte

Auf ara Anlagbank im Mai
san drei Spitaler ghockt.
A saubers Deandl geht vorbei
im kurzn Minirock.
Der oa, der lacht und moant: „O mei,
waar i jetzt bloß no jung,
na zwickert i's a bißl nei.
De nahms mir gwiß net krumm."
Der ander kichert vor si hi.
„Bloß zwicka, waar mir z'fad,
a saubers Busserl gaab ihr i,
daß' grad so schnalzn dad."
Der dritte kratzt se hinterm Ohr
und moant: „Mir is grad so,
als hätt's da seinerzeit zuvor
was dritts doch gebn aa no."

Ja, früher

Der Schandi, wiara Dienst hat ghabt,
hat a ganz dreckats Manderl gschnappt,
wia's vor der Kirchn mit am Huat,
am altn, d'Leut obettln duad.
„Mei", jammert der, „o mei, o mei,
nia hätt i bettlt, nia net fei,
wenn mia mei Frau net vor am Jahr
ganz plötzli leider gstorbn waar!"
Mitleidig hat der Schandi gfragt:
„Hat eahna Frau vui Geld wohl ghabt?"
„Des net", moant der, „bloß hat halt sie,
wia's glebt hat, bettlt no für mi."

Der Brief

Der Postbot hat beim Gsangl gläut:
„I hab an Briaf dabei."
„Mei", jammert der, „du liabe Zeit",
wiara s'Kuvert siegt, „mei!
Der Briaf hat ja an schwarzn Rand,
da ist mei Onkel gstorm!
Mein liaba Onkel, so a Schand,
hab i jetzt aa verlorn!"
„Gehns weiter", moant der Postbot da,
„wo wissensns des her,
Sie ham doch jetzt von außen ja
bloß ogschaut des Kuvert?"
„Natürli woaß i, daß er's is",
moant er, mit traurign Gschau,
„I kenn meim Onkl, glaubns ma's gwiß,
da drobn sei Schrift genau!"

Der Besuch

Beim Gsangl hat zur Winterszeit
amal sei Freund, der Hupfauf, gläut.
„Da waar i", sagt er, „wia ausgmacht.
I hab bloß no an Herrn mitbracht.
Entschuidigst scho, der möchat gern
mit dir amal bekannt gmacht wern.
Er ist a recht a netter Mo,
der Herr, werst seing, entschuidigst scho!"
„Grüaß Gott", moant der, halt wia sis ghört,
doch dann hat er a weng verstört
am Gsangl nei ins Ohr gsagt stad:
„Von mir aus gern, doch hab i grad,
weil i des gwußt hab net zuvoa,
bloß leider eigschürt nur für zwoa!"

Kleider machen Leute

An Huaba hat der Schandi gschnappt
und schimpft'n: „Guata Mo,
was hamsn Eahna denkt grad ghabt,
des geht fei net aso:
Mit achtzge durchn Ort da fahrn,
des kost a kloane Straf!"
Der Huaber moant: „Mit achtzge, Schmarrn,
und schaugtn o ganz baff
mit achtzge, na, geh, Sie san guat! ...
Der stimmt net, der Verdacht,
schaugns gscheit her:
Es'is bloß mei Huat,
der wo so alt mi macht."

Der Report-Fuim

Wer schöne Stundn se erhofft,
geht, wia ma woaß, ins Kino oft.
De letzte Zeit siegst allerorts
jetzt freili bloß no so Reports,
bei denes, wia se's heut versteht,
a wengerl um den Sex drin geht.
Da siegst, was dean de Hausfraun na,
wenn eahnere Manner san net da,
da gibt's Reports von Stewardessen
von Sekretärinnen, Hostessen,
von Schuimadln und eahnere Lehrer,
von Sennerinnen, Straßenkehrer.
Sex im Beruf, in Freizeit, Sport,
sogar an Altersheimreport.
Doch glaub i, habn an dem de Leut
schee langsam nimmer so recht Freud,
vielleicht, weil's doch jetzt is bekannt
und aa sogar der Letzt' hat gspannt,
wia's geht und wia ma se vermehrt.
Doch des hat d'Fuimleut gar net gstört.
Wenn jetzt der Sex-Report vorbei,
hoaßt Freß-Report der letzte Schrei.
Statt Porno oder hartn Sex
siegst Tortn, Schlagrahm, Kuacha, Keks,
statt Petting Pudding, und statt Bett
siegst jetzat Gräucherts und Kotelett,
statt Spitzenunterwäsch und Flirt,
an Spitzbuakaas und Camembert,
statt Callgirls, Striptease, tolle Puppn
bloß no a Pfannakuachasuppn,
statt Auszogne am Kanapee
auszogne Nudl und Kaffee,

statt nackte Busn, Dekollete
a Kalbsbrust und a Fricassee,
und statt am Madl pudlnackt
siegst wia ma Topfastrudl backt.
Bloß oans is oft desselbe grad:
's gibt da wie dort an Fleischsalat.
Und außerdem kann guat und gern
in solche Fuim aa aufklärt wern.
Bloß intressiert nimmer so sehr:
Wo kemma denn de Kinder her?
Jetzt hoaßt's zum Beispiel dann vuimehr:
Wo kemman denn de Semmeln her?

Erratn

Der Gsangl hat scho oft im Lebn
aufs Blech ghaut und mords o halt gebn.
Znachst war er bei a Feier gladn
und aufgschnittn, er dad gwiß derratn
a jeds Getränk, ob warm ob kalt,
aa wenn ma eahm de Augn zuahalt.
„Guat", moant sei Freind, „probiern mas glei!"
Und giaßt eahm was ins Glasl nei.
Der trinkt und spuckt's voll Graus
mit am kloan Fluach glei wieder aus.
„Pfui Deife!" schimpft er. „Moants i spinn,
des war a gwöhnliches Benzin!"
„Bravo!" moant der, „dann ratst a gwiß
was für a Markn gwesn is."

Sauna

Kriagst an Hosnknopf aa mit Gwalt nimmer zua,
siegst zweng deiner Wampn nimmer owe auf d'Schuah,
wennst wiara Dampflock beim Stiagnasteign
schnaufa muaßt,
werd's wirklich bald Zeit, daßt da eppas duast.
Fragst deine Bekanntn, was am bestn ma dad,
na kriagst von an jedm an andern Rat:
De oana moana, Gymnastik muaßt treibn,
und außerdem, laß s'Biertrinkn bleibn!
Geh z' fuaß, koa Auto, steig Treppn, koa Lift,
und merk dir, a Kohlenhydrat, des is Gift.
Ma rat: Friß de Hälfte, mach Punktediät,
nimm a Rizinusöl, werst seign, wia des geht!
Manche sagn zahnert, ja woaßt denn du net:
A guata Gockl is niamals net fett!
Du brauchatst di grad mal in d'Sauna neisitzn,
na werst, sagn de andern, dei Fett außeschwitzn.
Vui hat der Vorschlag aa scho ogsprocha,
und prompt san s' dann in d'Sauna neibrocha.
A Handtuach, a Soafa, a Schampo is alls,
was mitnimmst, sonst bist barfuaß bis auffe zum Hals.
Wennst neigehst zum Türl, na siegst as scho hocka.
Bestimmt bist da du no der kleanere Brocka.
Da bratns und schwitzns auf hölzerne Bretter,
und wast da siegst, is wirklich fast fetter,
als wia daßt as oschaugn konnst ohne a Brot.
As Thermometer zoagt fünfaneunzg Grad,
und du denkst an Schattn und an de Maß Bier,
zwenga dene wost sitzt in dem hoaßn Quartier.
Und kaum hast di highockt, mechst glei wieder naus,
aber d' Eitelkeit gwinnt, und du haltst as dann aus
und gfreust di über jeds Tröpferl, dest schwitzt,

und rechnetst dir aus, wast jetz bloß mehr wiegst.
Und eisern, wiast bist, machst a drei a vier Gang,
jedsmal so zehn, zwölf Minutn scho lang.
Oiwei aber duad di am greislichstn quäln,
wenn's drinna vom Essen und Trinka erzähln.
Und dadst net jedn Tropfa scho rausgschwitzt ham,
na laufat dir s' Wasser im Mei jetzat zsamm.
Aber hast dann an letztn Gang endlich gschafft
und hast di rausgschleppt mit kaum no a Kraft,
na passierts halt doch meistns, daßt völlig damatscht
sofort in d'nächste Kneipn neihatscht:
A Brotzeit, a guate, a Maß und a Stamperl
und scho' hast as regeneriert dei Wamperl.

Ausverkauf

„Net schlecht", zahnt der Hausmoaster Spät,
weil heut ganz groß in der Zeitung drinsteht,
de wo er se hat zum Frühstück aufgschlagn:
„Jetzt geht's den Preisn radikal an den Kragn."
Aber es san halt grad de gmoant mit am Ringel-S bloß
und bedeutn duad's halt, s' geht der Schlußverkauf los.
Da gibt's jetzt a Hetz, a Renna und Laufa,
a Gwurrl und a Drucka, a Stößn und Raufa
um de Hemdn und Gwandter, de preisreduziertn,
de kurzn und langa, de buntn, kariertn,
um de Kappen und Hüat, de Strümpf und de Sockn,
de Ohrnschützer, Schlafanzüg, Hosn und Joppn.
Und weil alls so billig is, wunderts oan net,
daß der Rentner Franz Obst an Bikini ersteht.
D' Frau Haberl, de hat was Bsonders dawischt:
Drei Torwartkniaschützer hats auße se gfischt!
Und des alte Fräun Hingerl mit dreiasiebzg Jahr
hat a Umstandskleid eikauft, weil's so preiswert halt war.
Doch net bloß de Gwander san billig wia nia,
de Vorhäng, de Möbeln, de Bleistift, as Gschirr,
de Spreizfuaßeinlagn, Bruchbandl, Potschamperl,
de Kleinkindernahrung und Nachttischerllamperl,
as Hühneraugnpflaster, de Soafa, der Schwamm.
Und drum kauft se der Gsangl ganz günstig an Kamm,
aa wenn er scho längst is glatzert und kahl
mit weniger Haar wiara Tischtennisball.
Sei Frau hat indessen in hartem Duell
mit a anderen Dame an am Stoff zaart ganz schnell.
Und wias aso zaart, hats scho in der Hand
der Verkäuferin Fanny ihr rotbleamets Gwand.

Die Erfindung

Der Professor Dings, na ihr kennts'n ja scho,
des is, wia ma woaß, a ganz gscheiter Mo,
der wo recht vui grüabet und wo se vui bsinnt
und hie und da aa was Wichtigs erfindt.
Jetzt neulich, da war i bei eahm mal auf Bsuach.
Er hockt in seim Zimmer und schreibt in a Buach
ganze Meter lang Zahlen und Formeln grad nei.
„Was werd denn da draus?" so frag i eahm glei.
„Psst!" sagt er. „Geh, bringens mi bittscheen net draus!
I brüat grad a neue Erfindung da aus.
I erfind jetzat nämli grad bsonderne Puin,
de für ganz lange Zeit Durst und Hunger oam stuin.
Ma nimmt s', von mir aus, am ersten Mai ei,
und dann ist bis zum erstn November vorbei,
daß oan nach was dürscht und oan nach was glüst.
As Eßn und 's Trinka werd gar net vermißt."
„Ja und", so frag i, „für was ist'n des guat,
wo mir grad des sell so a Freud macha duad,
wo 's Eßn und 's Trinka, wia allseits bekannt,
de drei schönstn Sacha auf dera Welt san."
„O mei", hat er gsagt und schaugt mi groß o.
„Des kennans erratn doch leicht, guater Mo.
Ganz einfach, weil's eahna, wenns so verfahrn,
an Haufa an Zeit mit dem Patent sparn.
I hab's grad berechnet, des san in der Woch
zu mindestens vierahalb Stundn dann doch!"
„Vierahalb Stund hab i länger dann frei?
Wißns was i da doa daad?" frag i'n aa glei.
„I gaang in a Wirtschaft nei in der Zeit
und essat und trinkat drin gmüatli und gscheit!"

Die dritte Möglichkeit

Mei Freund, der Bäckermoaster Brei,
ziagt aufgregt mi ins Zimmer nei.
„Siegst", sagt er, „da des Kanapee,
da hab i, is des net die Höh –
gestern derwischt doch drauf mei Frau,
kaum, daß i meine Augn trau,
wias mit meim Gselln, woaßt scho, an Gust,
mordsmäßig umanander schmust.
Jetzt oida Freund, gib mir an Rat,
was i do jetzt am besten dad!"
„Des", moan i, „sag i dir genau,
i schmeißat einfach naus mei Frau."
„Des geht net", moant der richtig gschreckt,
„weil ihra Geld im Ladn drinsteckt."

„Dann werfert i an deiner Stell
ganz einfach naus an Gust, dein Gsell!"
„Geht leider aa net", jammert der,
„wo nimm an andern Gselln i her?
Du woaßt ja, wia des is so heut,
ma kriagt halt leider koane Leut!"
„Wenn des so is, dann duast di schwer",
sag i, „dann woaß i aa nix mehr."
Am nächstn Tag triff i an Brei,
und der verzählt voll Freud mir glei:
„Werst seing, jetzt kriagst vor mir Respekt!
I hab a Lösung jetzt entdeckt:
I hab – was sagst zu der Idee –
nausgworfen einfach s'Kanapee!"

Der Stadtbesuch

Der Gsangl macht mit Frau und Bua
nach München nei a kloane Tour,
weil er scho längst versprochen hat:
„Jetzt zoag i euch amal die Stadt."
Wias in der Stadt san rumspaziert,
da hat der Bua glei intressiert
am Isartor an Vatta gfragt:
„Was is'n des, ha, Papa, sag,
des große Tor, des wo da steht?"
Der Gsangl moant: „Des woaß i net."
Wias am Marienplatz dort san,
da fangt der Bua scho wieder an:
„Wer is'n des da, Papa, schau,
auf dera Säule drobn de Frau?"
Nachdenklich schaut der Gsangl drei:
„Des wissat i jetzt gar net fei."
Wias durch d'Neuhauserstraß dann gehn,
bleibn s' vor der Michelskirchn stehn.
Da hat der Bua glei wieder gfragt:
„Wia hoaßt de Kircha, Papa, sag!"
Der schaugt si's o an Augnblick lang:
„Des kunnt i dir grad gar net sagn."
„Geh weiter", moant jetzt d'Gsanglin, „Bua,
laß halt dein Vatta jetzt in Ruah,
bevor er zletzt no grantig wird."
Da hat der Gsangl protestiert:
„Laß'n doch fragn sein Vatta no,
daß er von eahm was lerna ko!"

Der Bubi

Beim Himmelreich im dritten Stock
läuts an am Samstag Sturm.
A Herr steht drauß mit rotem Kopf:
„I kimm zwengs Eahnam Buam.
Wiri grad auf der Straßn drauß
mit am Bekanntn red,
schaugt Eahna Bambs zum Fenster naus
und hat recht abebleckt.
S'Derbleckn bloß", fahrt fort der Herr,
„des hätt i ja no gschluckt,
doch hat der Bangert der
auf mi no abegspuckt."
„Der Bubi?" moant die Muatter, „was?
Ja, des versteh i kaum.
Bestimmt hat er's bloß gmacht zum Spaß,
sonst kaant i's gar net glaubn.
Und hat er Sie derwischt dann aa
beim Abispeibn, der Bua?"
„Naa", moant der, „Gott sei Dank net, naa,
um Gottswuin, mir waar's gnua!"
„Ja, wenn des wirklich is der Fall",
sagts zu ihrm Buam danebn,
„dann muaß i doch mit dir nomal
a ernstes Wörterl redn:
Du hörst's ja selber, Bubile,
der Herr, der hat ganz recht:
mia müaßn bald zum Augnarzt geh,
du siegst a bisserl schlecht!"

Der ogmalte Stier

Im Wirtshaus sans beinanda ghockt
und ham a weng dischkriert.
„Was wett ma", hat der Girgl gsagt,
„heut werd mei Stier prämiert!
Mei Ajax", sagt er, „des ist gwiß,
is ohne Konkurrenz.
Schaugts naus, da steht er, sagts, wia's is,
obs ihr an bessern kennts?"
Geschlossen gengas naus vor d'Tür.
An Girgl trifft der Schlag:
Da steht grea ogmalt draus der Stier.
„Wer war des?" schreit er. „Sag!"
Voll Wuat rennt er in d'Gaststubn nei.
„Wer hat mein Stier ogmalt?
Der Kerl muaß da herinna sei!
Was ist, rüahrt er sie bald?"
Da steht a Mordstrumm Mannsbuid auf,
a Prackl von am Mo.
„Moanst du vielleicht den Stier da drauß?
Des hab i gmacht, wiaso?"
Der Girgl siegt den Goliath
und werd an wengerl blaß.
Wenn er mit dem was z'doa kriang dad,
waar des wohl kaum a Gschpaß.
„I wollt grad", sagt er, „lediglich",
und wischt an Schwitz vom Hirn,
„sagn, daß de Farb jetzt trockn is,
jetzt kaantnsn lackiern!"

Des mechat i für mei Lebtag gern

De Mona Lisa zum Kathreintanz führn,
zum Pfoterlgebn an Bandwurm dressiern,
bei „Bayern" im Europacup spuin,
mit'm Rummenigge um d'Wettn dann zuin,
Bayrisch ganz einfach zur Weltsprach erklärn,
an König Ludwig auf Schallplattn hörn,
und endli erfahrn, wia des dann klingt,
wenn er selber s'König-Ludwig-Liad singt,
am Hasn vom Dürer a gelbe Ruam gebn
und bei de Bonanza als Vormann dort lebn,
an Norbert Schramm im Eiskunstlauf schlagn
und mitm Jennerwein Girgl Rebhendl jagn,
mitm Sherlock Holmes Kriminalfäll aufdecka
und am Mond drom a weißblaue Fahna neistecka,
an Steyrer Hans-Stoa zwoa Meter hochlupfa,
von am Siouxhäuptling a Feder ausrupfa,
an weisn Salomon in April eineschicka,
as Ungeheuer von Loch-Ness ins Schwanzerl neizwicka,
a Giraffn sei bei a Hitz, a recht großn,
und 's Bier ganz langsam durchn Hals rinna laßn,
am Finanzamt koane Steuern mehr zahln,
an „Weißn Riesn" ganz schwarz omaln,
Tablettn erfindn, de gwiß dazua führn,
daß Preußn a ganz a tiafs Hoamweh verspürn,
des alls und wahrscheinli no allerhand,
dad i für mei Lebtag gern doa, wenn i 's halt grad kannt.

Die Kündigung

Das Dienstfräulein Walburga Zwick
hat mit ihrm Dienstplatz a Mords-Glück,
weils bei dem oidn Ehepaar,
de Schwankls, wia dahoam fast war.
Wias vor fünf Jahr ganz desperat
war, weils a Kind kriagt hat
und abgschobn is ihr Herr Galan,
habn d'Schwankls se net bsonna lang
und habn den ledign Buam von ihr
ganz einfach schließlich adoptiert.
Wia zwoa Jahr später is der Zwick
erneut passiert ein Mißgeschick,
hams aa nachara kurzn Zeit
ognomma s'Kind, wias war soweit.
Und wias as dritte Mal so kommt,
da warn de Schwankls des scho gwohnt.
Sie habn se denkt, was solln ma doa,
jetzt nehm ma halt aa no de Kloa.
Drum war des Ehepaar ganz platt,
wia eahna Deanstmadl kündigt hat.
„Ja, Burgl", moant der Schwankl, „geh,
hast as vielleicht bei uns net schee?
Sag doch, was dir bei uns net gfallt,
is eppa zwenig dir dei Ghalt?"
„As Geld is net", sagts, „was mi druckt,
es gibt bloß oans, des wo mi juckt:
I sag's ganz ehrlich, da bei euch
is mir seit neuem z'kinderreich!"

Die Schönheit

Obwohl er scho auf Siebzge geht,
hat se der Gruaber ziemli spät
no eibuid, daß er heiratn möcht.
Und weil's eahm scho pressiert hat recht,
drum is er glei zum Schorsche grennt,
den ma im Dorf als Schmuser kennt.
„Schorsch", moant er, „sag, hast net zur Zeit
a Eheweib für mi bereit,
weil i jetzt plötzli eigseng hab,
daß i net mehr alloa sei mag?"
„Du heiratn?" moant der. „Du bist schee!
Wia kimmst denn jetzt auf de Idee?
Mir is' ja wurscht, doch sag i glei,
recht hohe Ansprüch kannst du fei
jetzt in deim Alter nimmer stelln,
des woaßt ja selber, Gruaber, gell?
I wüßt dir aber oane grad,
a nettes Ding, des oans bloß hat,
daß sie a weng verwachsen is,
doch dadst an guatn Griff sonst gwiß!"
Weil er so heiratslustig gwen,
moant glei der Gruaber: „Meinetweng!"
und macht fürn nächstn Sonntag drauf
an erstn Treffpunkt mit eahm aus,
wo er sie kennalerna dad.
Am Sonntag steht der Schorsch parat
vorm Café bei der Kirchn hint
und moant zum Gruaber, der grad kimmt:
„Die Deinige, de hockt scho drin
am drittn Tisch, de mitm Kostüm,
dem greana, siegst as eh dann glei,
doch gib i dir an Tip no glei,

daßt di net bsinna muaßt a Weil:
Wo s' Brosch tragt, is ihr Vorderteil!"

Das Billett

"I hätt gern", hat der Huaber gsagt,
"nach Neustadt a Billett.
Und sagns", hat er an Schalter gfragt,
"wo da der Zug weggeht."
"Ja, Neustadt", moant der Schaltermo,
"da gibt's in Deutschland mehr,
da müaßns ma genauer scho
in welchs daß s' wolln, erklärn."
"Ja so was", hat der Huaber gsagt,
"des ist ja wirkli bläd,
da hab i vorher gar net gfragt,
des woaß i jetzat net."
Doch plötzli fallt eahm eppas ei:
"Des ist net weiter schlimm,
weil ja mei Schwager nämli glei
zum Abholn dorthi kimmt."

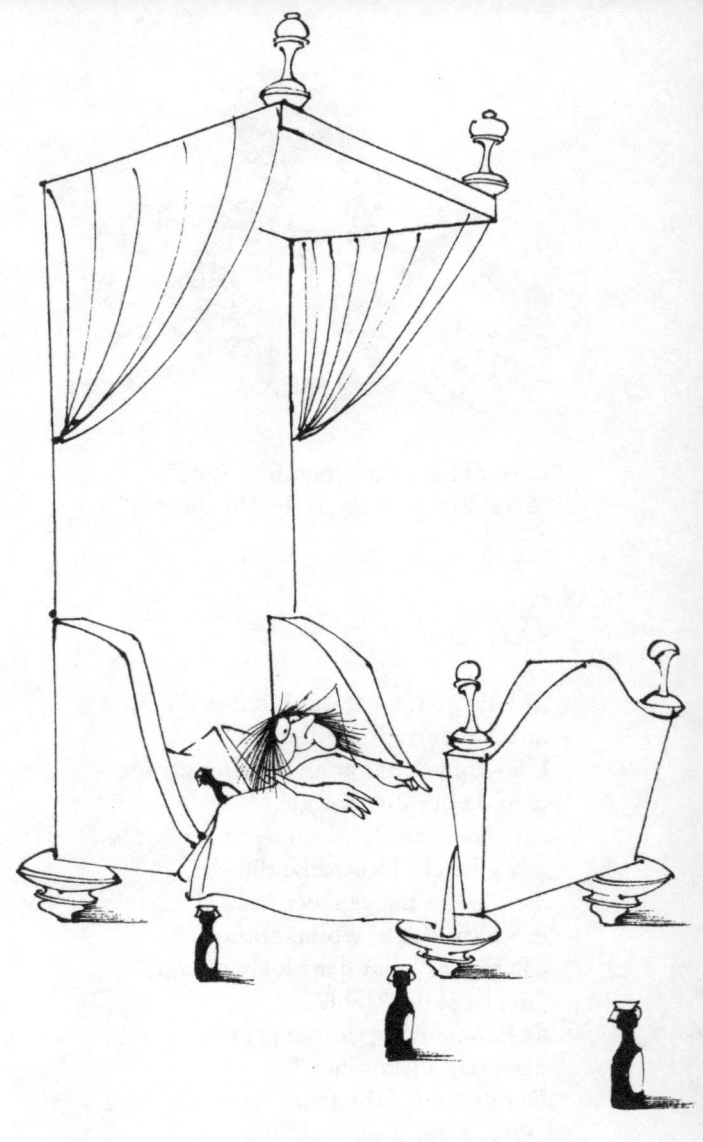

Der Schmuser

„Mei Lieber", hat der Gruber Wast
beim Schmuser se beschwert,
„Wiast mi du Spitzbua drokriagt hast,
des war net wenig gschert.
Zwar hast ma von der Zenz erzählt,
dest ma vermittlt hast,
daß ihra an der Schönheit fehlt,
daß wiegt zwoa Zentner fast,
daß a net bsonders kocha ko,
und daß recht gschlampert waar,
daß aber von ihrm erstn Mo
hat gerbt neunzgtausad Mark.
Des alls, gib's zua, hast mir verzählt,
und so hast kriagt mi dran,
und jetzat hat se außagstellt,
daß bloß neunhundert san.
„Des mit dem Geld", moant der „kaant sei,
da hab i mi halt girrt,
doch dafür stimmt des ander fei,
i schwör dir's, garantiert!"

Die Stehparty

Wer was auf si halt heut im heutign Lebn,
der muaß ab und zua a Party mal gebn.
De Anläß kenna verschiedn ruhig sei,
de Hauptsachn, ma feiert und ladt zwengs was ei:
Der Produzent Huber, weils verbotn ham sein Fuim
und weils dann jetzt fünf Monat lang spuin.
Der Trainer von Sechzge, wenn sei Mannschaft mal gwinnt,
der Hausmoaster Haberl zu seim ledign Kind.
Der Bäckergsell Hupfauf zu seim neuen Toupet,
der Wuidschütz Franz-Xaver zu seim hundertstn Reh.
Der Fabrikbsitzerssohn zu seim Dreier im Sport,
der Kommissar Bemsl zu seim zwanzigstn Mord.
Der Rentner Franz Obst, weil sei Rheuma weg is,
de Sängerin Schrei zu ihrm grichtn Gebiß.
D' Miss Krautkopf aus Hugling zu ihrm Sieg bei der Wahl.
Das Fuimstarlett Tina zum jüngstn Skandal.
Der Direktor P. Leite zum Konkurs Nummer drei,
der Jüngling Knut-Detlev zum 17. Mai.
Bist gladn zu der Party, na hörst scho von weit
de knurradn Mägn von de anderen Leut.
Des nimmt ma zur Kenntnis, meist etwas empört,
weil se so was eigentli gar net recht ghört.
De andern wern mir, wo i heut no nix gess'n,
doch net ausgschamterweis de Sachan wegfress'n!
Am Anfang, da gibt's bloß so Kartoffelflips Dings
und dazua kriagt ma meistns mit Oliven drin Drinks.
De schmecka net schlecht, de hätt i ganz gern,

wenn i bloß oiwei wüßt, wo i's hispuck de Kern.
Ma stellt se de Leut vor, sagt „Grüß Gott" und „Aha"
Und denkt se dabei: „Is der aa wieder da?
Ja hatn der überhaupt nix zum doa?
Und sei Oide is aa da, derf der gar nia alloa?"
Ma redt und ma trinkt und steht rum dazua.
Dawei gaab's da Stuih doch mehra wia gnua.
Aber weil es so ghört, bleibst liaba halt steh.
Da endli werd's aufgmacht, des kalte Büffet.
Ma duad überrascht: „Ja sowas! Aa naa!
Dabei is ma doch zweng dem schließli bloß da.
Da liegns dann de Brötchen mit irgendwas drauf
Und sogar echtn Seelachs hams heut wieder kauft;
der freili dann aa glei weggess'n is.
De rachitischn Würstl gibt's aa mit am Spieß.
An Leberkaas gibt den Münchner Akzent,
Danebn der Salat, den ma net so recht kennt
und der oam oiwei a weng rätselhaft bleibt,
grad wia so a moderns Stückl, des der Faßbinder schreibt.
Hernach reicht ma Cocktail, der schmeckt grad so ganz
als wia daß er hoaßt, nämlich Rotkehlchen-Schwanz.
Hast z'letzt de Gulaschsuppn suppiert,
de wo ma am End dann oiwei serviert,
dann hast scho was gleist und bist richtig voll,
und du hast's für desmal erfüllt s'Party'Soll
und werst dem Dichterwort recht wieder gebn:
„Eßn und Trinka san de *drei* schönstn Sacha im Lebn.

Die perfekte Braut

De oidn Haberls warn mitnand
heut wirkli scho mordsmäßig gspannt,
weil heut der Franze, eahna Bua
– er geht scho jetzt auf Dreißge zua –
was Bsondernes versprocha hat,
daß er sei Braut mitbringa dad.
Und richtig, nachmittag punkt vier,
da stengas draußn vor der Tür.
Der Haberl laßts ins Zimmer nei,
doch jagt an Schreckn eahm glei ei,
was er da jetzt zum Oschaung kriagt.
So kimmt's, daß er sein Buam wegziagt
und leise sagt: „Ja Bua, o mei,
a Schönheit is' ja net de dei.
Wiara Sack Hirschgweih de Figur
von Sexappeal ja gar koa Spur.
Sie schiaglt und hat gstraabe Haar,
ganz krumme Füaß und Wimmerl gar
als wiara Streußlkuacha ja.
„Ja, mir gaangst", sagt er staad, „na, na!"
„Du kannst ruhig laut redn", moant der Bua,
Schwerhörig is aa no dazua!"

Nix passiert

Ganz aufgregt kimmt in dritten Stock
d' Marille naufgrennt d' Stiang.
„Du, Mama, bittscheen, sag,
konn i scho Kinder kriang?"
„Du Kinder? Du mit grad neun Jahr?
Aa wo, wia kimmst da drauf?"
„Ui, pfundig", moant de, „wunderbar!"
Und schreit zum Fenster naus:
„I kimm glei wieder, Buam bleibts fei,
warts ma um Himmeswuin,
es konn no nix passiern dabei,
mia kenna weiterspuin!"

Tips für Norddeutsche

Sollten Sie vom Norden Deutschlands
überhalb der Grenze Main
und der Sprache dieses Landes
vielleicht nicht ganz mächtig sein,
scheint's geboten, daß ich Ihnen
ein paar Wörter nennen soll,
die Sie möglichst kennen müßten,
um sich hier zu fühlen wohl:
Gischbe, Goare, Toagaff, Blädl,
Krattla, Zeltn, Glaache, Knedl,
Lalle, Giegerl, Pfingstochs, Ramme,
Bauernfünfer, gscherter Hamme.
Ziefern, Zuchtl, oide Büchsn,
Matz, Schartekn, Gschoßerl, Schixn,
Schlawiner, oida Dattl, Stenz,
Schwammerl, Sefte, Hematlenz.
Baazi, Hirsch, staubiger Bruader,
Raatschn, Bachratz, blädes Luada,
gschupfte Henna, Flitscherl, Besn,
Bißgurn, Dotschn, oide Schäsn.
Haberngoaß, du fade Nocka,
Heugeign, Flugga, müada Socka,
Gschaftlhuaba, Strizi, Stoffe,
Zwetschgnmandl, Dalk, Kartoffe.
Oarkopf, Zapfa, fade Moin,
Doidde, Haderlump und Schnoin.
Diese Wörter, lieber Fremder,
pauken Sie mit aller Kraft,
eilen Sie darauf geschwinde
in die nächste Bierwirtschaft,
wenn Sie was erleben wollen
– und das wollen Sie doch, gell? –

stellen Sie sich in die Mitte,
rufen je nach Naturell
möglichst temperamentvoll diese
Wörter zu den Gästen hier.
Gleich wern Sie was dann erleben
im schönen Bayern – wetten wir?

A Buamahosntaschn

Zwoa Nägel, zwoa krumma,
a Eiweckglasgumme,
a Bärndreckstanga,
a Fadn, a mordslanga,
a „Stoanse" aus Holz,
a Klupperl, a alts,
a paar flache Stoana,
a Ball, a kloana,
a hohla Schlüßl zum Pfeifn,
a Kaugummistreifn,
a Taschnmesser,
a Kreidnresterl,
a Schiaßbudnrosn,
a laare Blechdosn,
a Fensterkitt,
a Judnstrick,
a Stückl a Schnur,
a eigroste Uhr,
a Verschluß von a Flaschn:
Des hat Platz alls in am Buam seiner Hosntaschn.

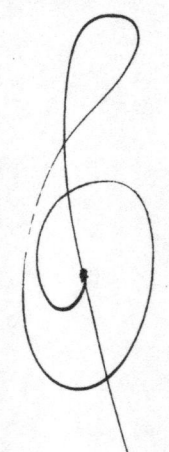

Heimweh

„Ach wissen Sie", so hat beim Bier
a Norddeutscher znachst klagt,
„ganz schrecklich, wie in Bayern hier
das Kopfweh mich oft plagt!"
„Und mich", so hat a andrer gstöhnt,
„nimmt arg mein Halsweh her.
Die rauhe Luft und auch der Föhn
setzen mir zu ganz schwer!"
„O mei", moant drauf a Münchner da,
„mit Preißn is' a Gfrett,
Kopfweh und Halsweh, des hams scho,
bloß Hoamweh, des hams net."

Und zwoatens

„Gell, Bauer", hat de Bäuerin gfragt,
wias recht schwer krank ist gwen,
„wenn i jetzt stirb, versprichst ma, sag,
als letzts no in dem Lebn,
daß meine Gwandter bittschee net
dei neue Frau dann tragt!"
„Geh zua, was soll denn so a Gred?"
hat drauf der Bauer gsagt.
„Erstns werd's mit dir gwiß wieder no,
glaub ma's, des werst scho seng.
Und zwoatens is der sowieso
dei Gwand ja vui z'eng."

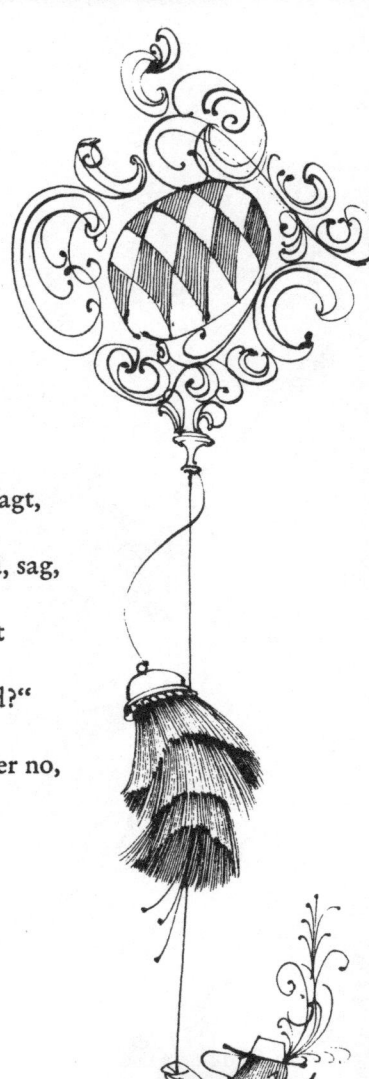

Staand koa Wolkn

Staand koa Wolkn am Himme, na wissatst aa net,
wias schee ist, wenn d'Sonn scheint, s'schlechte Wetter vergeht.
Gab's bloß oiwei dei Leibspeis und net aa mal a Gfraaß,
bestimmt hättst an dera aa schnell nimmer dein Gspaß.
Dad alls dir bloß nausgeh, gaang nia dir was quer,
waar's aa mit der Freud drüber bald nimmer weit her.
Waar net mal was greißlich, und waar alls bloß schee,
ganz gwiß dad dir aa langsam s'Scheenste vergeh.
Gaang net alls vorbei, kaam alls wieder zrück,
gar nia dadst as spanna, was des sei duad: as Glück.

Der Fehlschuß

Der Prinzregent, so werd erzählt,
hat amal bei der Jagd
a wengerl halt sei Zui verfehlt,
indem daß er pfeilgrad
a oide Frau in am Gebüsch,
de wo grad Schwammerl prockt,
mitm Schrot a bißl hat derwischt
an der Stell, wo ma hockt.
Der hohe Herr war ganz schockiert
und hat a Schmerzensgeld
a recht a großzügigs spendiert,
damit's ihr leichter fällt.
Wia nach a Zeit der Prinzregent
dort wieder amal jagt,
kimmt selbigs Weiberl zu eahm grennt
und hatn a glei gfragt:
„Entschuidings, Hoheit, gaang des net,
daß heut wia seinerzeit
nomal a Schuß danebn geht?
I waar aa heut bereit."

Werd scho no

Der Gsangl is no nia im Lebn
vorm Herrn a großer Jager gwen.
„Du waarst ma", hat sei Frau eahm znachst
nachara Treibjagd s'letztmal gflachst,
„aa so a Jager, mei, o mei!
As erstemal, wiast warst dabei,
da hast derschoßn ohne Grund
an Jager Zapf sein schönstn Hund.
As nächste Mal, was schlimmer no
da war's de Goaß vom Häuslmo.
Und desmal hast sogar am End
an Schuß an Treiber aufebrennt."
„Mag sei", moant da dersell, „mag sei,
doch derfst vergeßn da dabei,
in dem Fall desmal wirkli net,
daß scho a wengerl aufwärts geht:
Weil nämli selbiger akrat,
den i derwischt, ‚Hirsch' ghoaßn hat."

Der wamperte Vampir

Auf der verwunschnen Zeiserl-Alm,
wo statt de Küah de Ochsn kalbn,
da haust in einem Waldrevier
Vladimir Zahnderl, ein Vampir.
Zwar stammt (wie alle seine Ahnderl)
aus de Karpatn auch der Zahnderl,
doch bei am Nachtflug zruck nach drübn
is er in Bayern hängenbliebn.
Daß des passiert is, hat sein Grund:
denn der Vampir is kugelrund,
er hat vier Zentner ohne Gwand
und des is fürn Vampir a Schand.
Und außerdem kannst nimmer fliagn
und in koa Fenster einibiagn.
So is der Zahnderl auf der Alm
beim Rückflug einfach abigfalln.
Und weil's eahm gfalln hat dort net schlecht,
hat er se denkt, is Wurscht, is recht,
und hat mitsamt seim Übergwicht
ganz häuslich droma ei se gricht.
Zerst war er no a bisserl scheu,
doch findt er bald nix mehr dabei,
daß bei de Fremdn schnell er schon
bekannt war als a Attraktion.
Erst hat ma nur in Vollmondnächt
eahm hin und wieder kurz derspecht.
Zerscht war's a große Seltenheit,
hat ma'n derlurt bloß von ganz weit.
Doch bald drauf is er dann, wia gsagt,
aa mittn am helliachtn Tag
ganz offen und ganz ungeniert
vor alle umanandspaziert.

„Schaugts hi, da geht der Vladimir,
seigtsn, den wampertn Vampir!"
war bald scho überall zum hörn,
und scho san dann von nah und fern
de Leut in Scharen omaschiert
und ham'n aa fotografiert.
Ganz bsonders scharf, ganz bsonders wuid
warn d'Leut, daß mit eahm zsamm am Buid
und dann vielleicht no bsondernfalls
mitm Zahnderl grad an eahnerm Hals
und mit am Biß als Autogramm
se farbig knipsn laßn ham.
De Buidl mitm Vladimir
warn bald a gfragtes Souvenir.
Und weil er trotz seim Gwicht aktiv
und, wo's ums Gschäft geht, ziemli vief,
hat er se staad ins Fäusterl glacht
und a Vampir-Wirtschaft aufgmacht.
Bald war er aa sehr populär,
drum kemman d'Leut in Scharen her.
De Fremdn, bis von Amsterdam,
Haiti, Melbourn und Freimann,
von Wladiwostock, Oberhausen
gengan zum Zahnderl auf a Jausn.
Sie trinkn Vampir-Bier fürn Durst
und eßn a Vampir-Bluatwurst.
Und abnds dann beim Dämmerliacht,
wenn's scho a bißl modrig riacht,
singt Stimmungslieder der Vampir
und spuit dazua aufm Klavier.
Sei Liad geht oam durch Mark und Boa,
bsonders de Fraun werd's zwoaraloa,

und ganz verhext von seinem Schmelz
machans fürn Biß frei eahnere Häls
und bettln: „Kimm doch her zu mir
und beiß mi, wamperter Vampir!"
Ganz klar, daß bei seim Leibgericht
net gringer wern ko da sei Gwicht.
So gaang's dem Zahnderl wunderbar,
wenn da net bloß des oane waar:
Der Zahnderl hat de Leidenschaft,
daß er se für sei Lebn gern kaft
ganz süaße Sacha: Guatl, Eis
und Bärndreck san sei Lieblingsspeis.
Deswegn leidt er naturgemäß
an Zahnverfall und Karies.
So hat er braucht dann mit der Zeit aa,
normal sagt ma des gar net weida,
weil des für eahm a Mordsschand is,
a künstliches Vampirgebiß.
den Zahnderl hat des gar net plagt,
und gschäftstüchtig, wia ja scho gsagt,
hat er se auf des hi dann jetzt
mit Firmen in Verbindung gsetzt
und macht im Fernsehn ganz dezent
Reklame aa für Kukident.
Und weiter hams'n zguaterletzt
im Werbefernsehn ei no gsetzt
für Zahnpasta und Halspastuin,
für Bluatorangn, Knoblauchpuin,
für Säuglingskost, Vampir-Schnaps-Stamperl
steht er Reklame mit seim Wamperl.
Doch damit is no lang net aus:
Bald kommt a Zahnderl-Platten raus.

Am meistn aber hat'n gfreut
und hat sein Höhepunkt bedeut,
daß er als Operettenstar
jetzt aa no ausersehen war:
Denn jetzt spuit er von Johann Strauß
am Gärtnerplatz die Fledermaus.

Der bessere Vorschlag

Der Huaber-Vater is beim Föhn
halt oiwei recht daloabet gwen.
Aa neulich wieder is er grad,
wia an Spaziergang gmacht er hat,
zum allernächsten Bankerl ghatscht
und hat se highockt ganz damatscht.
Scho san Passanten da a paar
und hab'n gfragt, was los denn waar.
Wia dann bei so was is halt's Gfrett,
habns alle durchanander gredt.
„A Arzt muaß her", hat gmoant der oa,
„A Cognac daad eahm gwiß guat doa!"
So hat a ältrer Herr vorgschlagn.
„Zerst machts eahm auf sein Hemadkragn!"
„Ah wo, der muaß glei in a Bett!"
So hams wuid durchanandergredt.
Und wieder sagt der ältere Herr:
„I glaub, a Cognac helfert mehr."
Da hat der „Patient" se grüahrt:
„Jetzt werd net weiter mehr dischkriert,
deats liaber endlich", hat er gsagt,
„Des, was der ältere Herr vorschlagt."

Versöhnung

Der Lechner Bauer und der Seitz,
sei Nachbar, san ganz übers Kreuz
seit, woaß Gott, wia scho langer Zeit.
Wo se se seing, da gibt's an Streit.
Wia neuli s'Jahr am End zuageht,
hat der Pfarrer in a Red
von Nächstenliebe predigt lang,
wia schee 's is, wenn se d'Leut vertragn.
„Gebts zur Versöhnung euch die Hand,
sonst holt der Teufel euch mitnand!"
Des hat de zwoa zum denkn gebn
und is im Magn schwar eahna glegn.
Am Neujahrstag, glei in der Fruah,
geht auf'n Seitz der Lechner zua.
Er unterdruckt sei staade Wuat
und sagt: „Kimm, san ma wieder guat!"
„Von mir aus", moant der Seitz drauf glei,
und scho schlagt er mit'm Lechner ei.
„Und für des Jahr, da wünsch i dir
desselbe halt ois wia du mir!"
„Desselbe?" moant der zornig, „so,
geht scho dei Bosheit wieder o!"

Letzter Wille

Beim oidn Bauern geht's jetzt z'End,
drum holt er schnell sei Frau:
„Paß auf, i mach mei Testament,
i hab ma's so denkt, schau:
Dem Girgl gebat i an Wald
und unsern Hof an Franz."
„Umkehrt", moant sie, „waar's besser halt,
wennst a's no regln kaannst!"
„Von mir aus", sagt er, „jetzt hör zua,
des allergrößte Feld,
des kriagt der Hans, der jüngste Bua,
und s'Annerl erbt a Geld."
„Aa wo", moant sie, „teil doch alls zwoa,
gib jedm was davo!"
„Von mir aus", sagt er, „wer i doa.
Jetzt bleibst du übrig no.
Dir, denk i, gib i dann des Geld,
des wo no übrig is.
Dann bist fei dennerst net schlecht gstellt,
des gstehst ma zua ganz gwiß!"
Doch wieder hat sie gjammert: „Naa,
i hab mir denkt, daßt mi ..."
„Kreuzdeife!" moant der Bauer da.
„Stirbst du jetzt oder i?"

Des Wilddiebs Abschied

Der Wildschütz Knut von Weißenborn,
der ist in Preußn drobn geborn.
Als Flüchtling hat er nun allhier
bei uns in Bayern sein Revier.

Er ist's, der schuld, daß nicht verdarb,
daß noch nicht aus das Wildern starb,
der letzte wohl von seiner Zunft,
der noch beherrscht des Wilderns Kunst.

Als jeder Bursch aufs Wildern pfiff,
er unverzagt zur Büchse griff.
Im Wald, im Feld und auf der Au
bringt er zur Strecke Hirsch und Sau.

Bei Wintersfrost, in Sommersglut
im Flug den Vogel schießt Herr Knut.
Er jagt mit List den Fuchs, den schlau'n,
die herz'gen Gamserln, schwarz und braun.

Kein Has, kein Reh, das er nicht fing,
das nicht in seine Schlinge ging.
Den stolzen Bock, das kleine Kitz,
es jagert sie der kühne Schütz.

In seinem schmucken Reihenhaus,
das vom Erlös des Wilds gekauft
und seinem Flüchtlingsausgleichsgeld,
der Blick auf viel Trophäen fällt:

Da hängen Reh- und Hirschgeweih,
die er erlegt mit seinem Blei.
Von Eberzähnen eine Kett'
prunkt über seinem schlichten Bett.

Ein Fell von einem großen Bären
den er im Urlaub einst in Mähren
mit schneller Kugel hat durchbohrt
Und gar von seinem Heimatort,

wo er als Knab zur Jagd schon schritt,
bracht er ein Maulwurfsfellchen mit.
(Sooft es streift sein feuchter Blick,
denkt er der Kindheit Glück zurück.)

Da hänget auch sein Wildrer-Hut,
der große Stolz des Wilddiebs Knut,
der keck geziert nach Weidmannsart
mit einem Mordstrumm Gemsenbart.

Gar oft mit einem Jägersmann
auch legte sich der Wildschütz an.
Im Oberlande zeugt manch Grab,
wer wem im Kampf das Nachsehn gab.

Heut ging der Schütze hochbetagt
zum letzten Male auf die Jagd.
Ein letzt' Mal hat die zittrig' Hand
der Flinte rost'gen Hahn gespannt.

Ein letztes Mal sucht Kimm' und Korn
das greise Aug von Weißenborn.
Ein letztes Mal hat dann im Wald
des Wildbretschützen Büchs geknallt.

Ein letztes Mal fällt tot das Reh,
ein letztes Mal schreit der Schütz: „Juchhe"
und jodelt voller Übermut,
ein letzt Mal schwenkt er seinen Hut

und ruft: „Na, Jäger, ei verflixt,
Hab ick dir wieder ausjetrickst?"
Dann geht er, und dann trägt er stolz
die letzte Beute aus dem Holz.

Und lädt zu sich ins Reihenhaus
die Prominenz zum Festtagsschmaus.
Der Bürgermeister spricht bewegt,
der Landrat um den Hals ihm legt

ein Ordensband für Sitt' und Brauch
und dankt in einer Rede auch.
Es danken dann so nach der Reih
Vertreter jedweder Partei,

Konservativer, Liberaler,
der Jungfernbund und ein Spitaler,
der Kurverein, ein Veteran,
der Heimatdichter, der Kaplan.

Vom Liederkranz singt ein Tenor,
es musiziert der Kirchenchor.
Zum Schluß da stimmen alle ein
und singen s' Lied vom Jennerwein.

Es is halt nix wia früahra nimmer

Es ist halt, hat er gsagt, der alt Wimmer,
nixn mehr wia früahra nimmer:
D' Luft war gsünder,
braver de Kinder.
Da Himme war blauer,
der Wein net so sauer.
Der Sommer war wärmer
und d' Leutln warn zeamer.
De Muich war vui fetter,
d' Bedienungen netter.
D' Trambahn war leerer,
und s' Geld wert vui mehrer.
De Mode war fescher,
und d' Brezn warn rescher.
Ois Große war größer,
ois Guate war besser.
Gar nix, hat er gsagt, is wia früahra nimmer,
sogar s' Weihwasser werd allerwei dünner.
Ois war früahra schöner und echter,
oissamt is heutzutag schlechter.

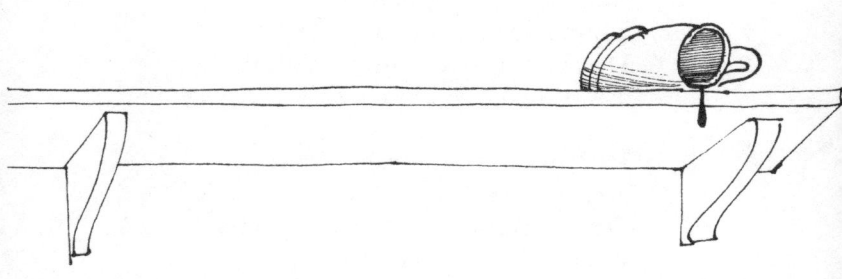

Ja, ois is schlechter worn, hat er gsagt der oid Wimmer.
Bloß oans is besser worn: D' Moral ist schlechter worn,
hat er glacht, der Schlawiner.

Knödl-Olympiade

Beim Unterwirt im Nebensaal
kunnt si heut abnd was geign.
Drum kemman d'Leut von überall,
a Wettkampf soll heut steign.

Da tritt der Hintermaier Franz
gega an Bräu-Sepp o.
Doch kämpfans sozsagn auf Distanz,
denn gwunna hat der, wo

de meistn Knödl obestellt
in ara halbn Stund.
Als Favorit da Franze zählt
mit fast dreihundert Pfund.

Da Bauer, wo da Franze Knecht,
woaß, was der ois vatragt,
drum macht er aa a jede Wett,
daß der an Bräu-Sepp schlagt.

Um achte is dann an der Zeit,
und scho wern d'Knödl bracht.
Da Wirt fragt: „Samma's? Seids so weit?
Na geh ma's o de Schlacht!"

Scho fangans aa as Neihaun o,
a jeda ißt und würgt,
ois hättns glei a halbs Jahr scho
zum Eßn nix mehr kriagt.

Da Franz hat bald sei Schüßl laar,
de nächstn wern serviert,
er ißt a paar und no a paar
... klar, daß a gwinna wird.

Auf oimoi aba laßt a nach.
Ma hört'n, wiara schnauft!
I glaub glei gar, jetz werd a schwach.
Tatsächli – er gibt auf.

„Ja sag", so ham de Leut eahm gfragt,
„ja sag, wia gibt's des bloß?
Wia kimmt's, daß di da Bräu-Sepp schlagt?
Was war denn mit dir los?"

„I woaß net", moant der desparat.
„Dawei hab i mit halba Kraft
beim Training vor am Stünderl grad
no leicht drei Schüßln gschafft."

Die Versteigerung

Beim Unterwirt im Nebensaal,
da ist jeds halbe Jahr amal
a größere Versteigerung.
Da steigert mit dann alt und jung.
Alls Mögliche kannst dortn kriagn!
Bügeleisen, Kinderwiagn
oide Möbel, Hosenträger,
Schlittschuah, Radl, Tennisschläger,
Büacher, Maßkrüag, Millikandl,
Teppich, Anzüg, Badewandl,
Regnschirm, Koffer und Krawattn,
Schreibmaschina, Langspuiplattn,
Fuaßbäll, Schi und Autoreifen,
Gamsbarthüat und Tabakspfeifen,
Kuglschreiber, Briafpapier,
Gipsfigurn und a Klavier.
Heut is was ganz Bsonders dro,
denn heut hat der Versteigrungsmo
beim andern Zeugl no dabei
an Käfig mit am Papagei.
An Fuchzga biet a ältrer Herr.
„Fuchzg Mark? Is recht, wer bietet mehr?"
„Siebzge!" kimmt's von Irgendwo,
„Achzge!" schreit derselbe Mo.
„Hundert Mark!" hört ma jetzt wem,
scho schreit oana: „Hundertzehn!"
„Hundertzwanzg!" schreit wieder wer,
doch der oane ältre Herr
laßt net locker, setzt und setzt,
und ersteigertn aa zletzt.

Wiara holt sein Papagei
moant er: „So, jetzt sagns ma glei:
Redt des Viech aa wirkli gwiß,
des so teuer kemma is?"
„Ja freili", lacht da drauf der Mo,
„unser Lora, de redt scho,
wer, moanans denn, daß jetzat grad
mit Eahna so lang gsteigert hat?"

Die Begegnung

Du gehst auf a Straßn – kennst den, den Fall? –
es grüaßt di wer, wost net woaßt, wo ma hidoa den soll.
Es waar aber peinlich, gaab ma offen des zua,
des lassat dir später bestimmt na koa Ruah.
So druckt ma halt rum und duad, was ma ko.
Der Diskurs, der dann kimmt, hört se so etwa o:
„Ja, grüaß Eahna Gott, ja gibtsn des aa,
ja was machan denn Sie in der Gegend grad da?"
Und wenn's dir passiert, daß er drauf nix Gscheits sagt,
na werd halt a bisserl weiter no gfragt:
„Ja, wia geht's Eahna denn, is dahoam alles gesund?"
„Und was macha de Kinder?" gehst der Sach jetzt
am Grund.
Und scho grenztn ei, wiara Fuim-Dedektiv:
„Wia geht's im Beruf, sans no oiwei aktiv?"
Und der ander redt rum, moant: „So, so" und „ja, ja".
Da packstn frontal und fragstn glei na:
„Sie, Eahna Adress fallt ma niamals net ei.
Geh sagns, hams denn net Eahna Karterl dabei?"
Und scho schaugt de Schlacht jetzt gwunna fast aus,
denn der ander ziagt glei a Visitnkart' raus.
Da steht drauf der Nama Franz-Josef Kreh.
Vor Freud springst jetzt innerlich heimlich in d' Höh.
Und dann redtstn a Zeit mit seim Nama no o:
Herr Kreh hi, Herr Kreh her, Herr Kreh so, Herr Kreh so.
Und du plauderst drauf los, und schließli beim Geh,
da schreist eahm no nach: „Vui Grüaß an d' Frau Kreh!"
Doch dann kimmt der Tiafschlag, denn der ander – uijeh –
sagt zum Abschied: „Nebnbei, i hoaß gar net Kreh.
Des is bloß der Nama von dem Gschäft, wo i bin,
aber macht nix, Herr ... ah ..., macht gar nix, Herr Ding."

(Nach einer Idee von Sigi Sommer)

Die antiautoritäre Erziehung

Vaater, Müatter, Erzieher, spitzts eure Ohrn:
Hopfn und Malz is bei euch fei verlorn,
wenns net beherzigts, was i euch jetzt sag.
Dann seids hinterm Mond, liabe Leut, ohne Frag.
Seit a paar tausend Jahr, wirklich ungelogn,
hat die Menschheit die Kindheit verkehrt bloß erzogn.
So wia ma habn gwurschtlt, geht's weiter net mehr,
jetzt hoaßt's umfunktioniern auf antiautoritär.
Antiautoritär, des is folgendermaßen:
ihr müaßts Kinder alls, was doa wolln, doa laßn.
Sagst aa bloß „wart, wart!", sans vielleicht scho schockiert,
und womöglich eahner Lebtag frustriert.
Merkts euch:
S'Kind derf net fragn: Müaß ma spuin, was ma derfa solln?
Antiautoritär hoaßt's: Müaß ma spuin, was ma derfa wolln?
Alls is natürlich, was as Kinderl duad,
und natürlich is natürlich aa guat.
Um a paar kloane Beispieler z'nenna:
Laßts de Kloana ruhig eahnere Handerl verbrenna.
Sagts ja net, des derfst net, der Ofa ist hoaß.
Des is autoritär, damits das glei woaßt.
Laß eahna aa ruhig was Ungsunds essn.
Laß doa alls, was wolln, dua's ja net vergessn!
Und deats ses fei ja net zum Waschn zwinga,
weil da kunnt er de Kinder narrisch glei stinka.
Der Dreck ist natürlich, und natürlich is gsund.
Drum machts ses aa so und suachts euch an Grund,
daß alle paar Monat irgendwo s' Kind
im Spui vom Stui aufn Bodn obespringt!
Durch den Hupfara bröcklt der ärgere Dreck,

werds ses sehng, bestimmt von selber dann weg.
Sollt d'Mädi aa mit 7 Jahr in d'Hosn no macha,
Sagts ja net „du Fackl", deats freundlich bloß lacha!
Habtsn ihr gar koa Erinnerung?
Ihr warts ja schließlich aa amal jung.
Ganz früher, i habs neulich wo glesn,
hat's Eltern gebn, de, is beim Essn ma gsessn,
und s' Kind hat kräftig bohrt in der Nasn,
gebetn habn, es soll bleibn des lassn.
Was für an Schmarrn damit ogricht habn,
des brauch i euch wohl gar net erst sagn.
Voll Hemmungen sans umanandergrennt
und warn dann für allerweil impotent.
Und was i euch aano ans Herz legn möcht:
As Kind hat wia de Altn as nämliche Recht!
Wenn der Vater zum Beispui Virginia raucht,
gibt's koan Grund dafür, daß da Kloa zuschaug da braucht.
Seids höflich und biets eahm oa o auf der Stell!
Werds sehng, des macht Eindruck und wirkt aa ganz schnell!
As selbe gilt natürlich aa für Zigrettn,
für Kautabak, Schmalzler, Schnaps und Tablettn.
Denn schluckt d'Frau Mama Antibabypuin,
warum solln net aa de Kinder oa schnuin.
Und seids als Erzieher net Mordstrümmer Flaschn,
dann bringts was her: In der Schui wollns heut haschn.
Solang net der Staat zahlt des kloane Vergnügn,
werd's wohl oder übel an euch halt no liegn,
eure Kinder a paar nette Stundn zum schenka,
daß' „high" sei derfa und an was anders denka,

als wia ihr seinerzeit mit euerm Karl May
und eurer ungsundn Sporttreiberei.
Jetzt merkts euch zum Abschluß: As Kind mag a Hetz,
laßts eahm oiwei de Freud, wenn ses aa net verstehts.
Is was Bsonders passiert, derfst höchstns drauf sagn:
des war fei net nett, d' Oma mitm Hackerl z'derschlagn.
Aber machts koa Theater und macht ses net z'schlimm
mit ja koam Vorwurf drin in der Stimm!
Im Intresse vom Kind woll ma ohnehin hoffn,
sie hat se net gwehrt, eh 's as Hackerl hat troffn.
Denn so was waar unpädagogisch und bläd
und erzeugert beim Kloana grad Aggressivität.

Sprüch

Da siegt ma wieder wia de reichn Leut lebn, hat der arme
Häuslmo gsagt, wiara des scheene Grab vom reichn Bauern gseng hat.

Alle Menschen müßn sterbn, hat der Meßner gsagt.
Vielleicht sogar i.

Bis Vierzge net und ab Vierzge nimmer is de beste Zeit
zum Heiratn.

Vegetarier, hat er gmoant, mächt i wirkli net sei.
De armer Viecherl d'Nahrung wegessn,
is ja Tierquälerei.

Geheimtip

Wia oft jammern d'Leut, daß alls teurer werd,
dabei ist so schlimm net, wenn ma d'Augn bloß aufsperrt.
I gib euch zum Beispiel an guatn Tip o,
wo ma heutzutag aa no billig eikaufa ko.
Wenn ma bei uns in d'Siebna eisteigt
und da aussteigt, wo de Allee links abzweigt,
de Allee eppa vierhundert Meter nachgeht,
bis ma auf amal vor am Kramerladn steht,
da dortn dann auf an Omnibus wart
und mit dem zwölfahalb Minutn fahrt
und dann auf an Weg, der durch's Hölzl führt,
wieder so fast zwanzg Minutn marschiert,
na daspechst scho an Berg, den ma naufsteign muaß z'Fuaß
und, wenn ma na drobn ist, wieder abesteign muaß.
Nacha kimmst zu a Unterführung dort drent,
durch de ma am besten im Schweinsgalopp rennt.
Am andern End siegst ganz hintn an See,
zu dem muaßt leider jetzt aa no higeh.
Dann mietst dir a Schifferl, mit dem ruderst nach drübn.
Na derlurst scho a Ortschaft hint am Horizont liegn.
In dera, da fragst, sollst de kenna net aus,
nach am uraltn kloana rotgstrichan Haus.
Da biagst dann links nei und gehst 87 Schritt
– Vergiß net de Zahl, zähl ganz genau mit! –
dann stehst vor am Haus, und dadrin is a Post,
wo de Briafmarkn heut aa a Zehnerl no kost.

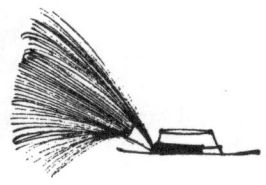

Zurück zur Natur

Weil jeder mal an Urlaub braucht
und i de Landluft mag,
hab i in Unterhuglbach
verbracht de Ferientag.
Für richtigs Landlebn und Natur,
echt bäuerliche Welt,
weit weg von jeder Stadtkultur,
da reut mi gar koa Geld.
De Bäuerin, wo i logiert,
de tischt glei zünftig auf:
zum echtn Nescafé a Muich
frisch aus der Dosn raus.
De Packlsuppn dann danach
hat richtig herzhaft gschmeckt,
und nach dem Büchsn-Fertiggricht
hab 's Teller i ausgschleckt.
Am nächsten Tag in aller Fruah
weckt mi scho der Motor
vom Porsche von der Mitterdirn,
den s' olaßt grad vorm Tor.
Dann hab i mir im „Almverleih"
a Lederhosn pacht,
mitm Bergführer Knut Kneese dann
a kloane Bergtour gmacht.
Am Berg drobn hat der Wurzelsepp
grad heut sei Party gebn.
Da hab ich richtig einegschmeckt
ins „almerische" Lebn.
Mei, warn da resche Madln da,
voran de Sennerin
mit ihram hochtoupiertn Haar,
der Heidrun aus Berlin.

Am Nachmittag, da singts voll Gmüat
und Herz ins Mikrophon,
und original werd übertragn
ins Tal ihr Jodelton.
Der Wuidrer-, Fensterl-, Jodlkurs,
des war in der Saison,
weil's gar drauf a Diplom gebn hat,
de große Attraktion.
So vui hat de Natur verschönt:
de Alpnglüahmaschin
mit eingebautn Echoschall
und Stereoton drin.
Und abnds dann in der guatn Stubn
spui i mitm Hausl Skat,
derwei der Bauer intensiv
studiert sei Börsnblatt.
Nach echtm Kunstdung wunderbar
riacht's draußn überall,
indes der Viechdoktor de Kuah
künstlich besamt im Stall.
Mia graust scho, muaß i jetzat bald
von Landlebn und Natur
ins ungesunde Stadtlebn zruck
zu Technik und Kultur.

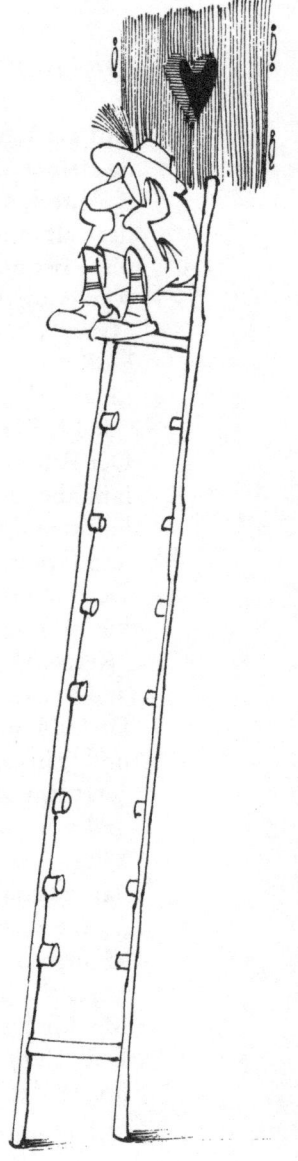

Die Rennkuh

Auf ara Landstraß in da Fruah
da steht a Mo, nebn eahm a Kuah.
A Auterl, des grad kimmt vorbei,
des halt er o und fragt aa glei,
ob er net mitkaannt nei in d'Stadt,
weil er da drin was z'doa habn dad.
„Guat", moant der Fahrer, „steigns no zua,
bloß sagns, was deama mit da Kuah?"
„Da denkens eahna nix", moant der,
„de Liesl lauft danebn scho her."
Der Fahrer schaut verdaddert drei,
laßt aber doch den Mo dann nei,
laßt o sein Wagn und gibt a Gas
und fahrt mit Vierzge hi de Straß.
Der Liesl macht des Tempo nix.
Sie lauft nebnher als wiara Blitz.
„Respekt", hat se der Fahrer gsagt
und hat an Wagn auf fuchzge gjagt.
De Liesl macht bloß größre Schritt
und geht des Tempo spielend mit.
Jetzt legt er's aber glatt drauf o
und geht sogar auf Siebzge no.
Wiara jetzt schaugt zum Fenster naus
hängt prompt der Kuah de Zunga raus.
„Jetzt moan i", sagt er, „is' am End,
schaugns naus, wiar ihr de Zung raushängt."
„Mei Kuah am End? Daß i net lach!
Mei Liesl werd so schnell net schwach.
Daß' Zunga rausstreckt, so wia jetzt,
hoaßt, daß zum Überholn osetzt!"

So a Schreck

Der Hierl geht mit seim Buam, an Max,
zu „Bayern" naus am Fuaßballplatz.
Am Nausweg fallt eahm plötzlich ei,
er hat de Kartn net dabei.
„Geh, Maxl", moant er, „sei so nett,
lauf zruck und hol uns as Billett,
du hast no jüngre Haxn, gei.
I wart am Eingang dann derwei."
Der Bua rennt los im Dauerlauf,
kimmt zruck nachara Zeit und schnauft
und stottert: „Papa, du, oh mei,
der Dings, der Brei-, der Brei-,
der Breixlhuber, vorn vom Eck,
liegt bei der Muatter drin im Bett!"
„Um Gottswuin", moant der Vater, „mei,
hast du mi da daschrocka fei,
fast hätt i glaubt bei deiner Red,
der Breitner Paule spuit heut net!"

Sprüch

Des is komisch, daß je mehr mei Frau Zähn verliert,
hat der sell gmoant, oiwei bissiger wird.

Mei hab i heut wieder a Glück bei de Madl, hat der oa
gsagt, heut gfallt ma a jede.

Der Künstlername

Wia d'Hupfaufs neulich irgendwann
bei an Bekanntn eigladn san,
hams zerst a wengerl schnabuliert
und dann a bißerl aa dischkriert.
Auf oamal moant der Hausherr: „So,
jetzt sag i Euch was Bsonders o.
Zum Höhepunkt singt a Tenor
euch jetzat a paar Arien vor.
Verehrte Gäst, i sag Euch o
Herrn Benjamino Angelo."
Der hockt se ans Klavier, und glei
singt er was aus der Butterfly,
Granada und as Wolgalied
so falsch glei, daß oam d'Schuah ausziagt.
Wias dann no san beinanderghockt,
hatn der Hupfauf schließli gfragt:
„I hätt a Frag, entschuidgns scho,
sagns bittscheen mir, Herr Angelo,
wenn i mi jetzt täusch net schwer,
na kenn i Sie von früahra her.
Ham Sie net vor a Jahr a drei
nebn uns drauß gwohnt in der Borstei,
und habns Sie net, Herr Angelo,
damals Franz Maier ghoaßn no?"
„Franz Maier", moant der, „si, si, ja,
das war mein Künstlername da!"

Beim Nervendoktor

Zum Nervendoktor einegwetzt
kimmt neulingsmal a Frau.
„Herr Doktor", sagt sie, richtig ghetzt,
„guat, daß i mir heut trau.
I woaß, i hätt ja früaher scho
Sie müaßn konsultiern,
denn richtig schlimm is mit meim Mo,
dem fehlt's da drobn am Hirn.
Stellns Eahna vor, Herr Doktor, bloß:
Mei Mo frißt Hafer nur,
und wiehern duat er wiara Roß.
Geh, nemmansn in Kur!"
Der Doktor schaut bedenklich drei
und moant, nach all dem, was da fehlt,
dad de Behandlung schwierig sei
und kostat recht vui Geld.
„Am Geld", moant sie, „da soll's net lieng.
Mir habn's scho zu was bracht,
seitdem mei Mo so oft in Riem
beim Rennats Sieger macht!"

Das bessere Angebot

Zum Scheidungsanwalt nei in d'Stadt
kimmt neilich in der Fruah
der Huber-Bauer und hat klagt:
„Jetzt hab i endli gnua!
Mei Alte, daß a Bißgurn ist,
des woaß i ja scho lang,
Doch s'Allerhöchste, des is gwiß:
Jetzt dads mi aa no schlagn!
Drum glaubert i, Herr Advokat,
es laßt se net vermeidn
– sangs was bei Eahna kostn dad –
wann i mi liassat scheidn."
„I scheidt di scho, wenn's a so steht,
doch oans sag i dir glei,
recht billig is a Scheidung net,
so tausend Mark wern's sei."
„Ja, wenn des so vui kostn duat,
wer i mir's überlegn.
Auf Wiedersehn!" Er packt sein Huat
und laßt se nimmer seng.
Nachara Zeit habn se de zwoa
durch Zufall troffa wo.
„Was is jetzt, Huaber, was hast doa,
bist jetzat gschiedn scho?"
„Na, weil's mei Geldbörs net vertragt.
Des waar a teuers Gspui!
Ich hab jetzt unsern Wuidschütz gfragt:
Bei dem kost's halb so vui!"

Sprachfehler

Grüaß Gott, jetzt muaß i euch was sang,
des wo se mia am Mang hat gschlang:
Auf meine Landsleut bin i sauer,
schee langsam stinkt er mia auf d' Dauer,
daß überall de meistn Leut
bei uns jetzt preißln wia net gscheit.
Statt pfundig sangs jetzt liaber toll,
statt zünftig duft, statt Kraut sangs Kohl,
statt Topfa Quark, statt Knödl Kloß,
und Tunke hoaßns gar de Soß.
Glei gar net konn i aa vertrang,
Wenns nee statt naa bloß oiwei sang.
Wo's Ochsnaug hoaßt Spiegelei,
da ist bei mia der Gspaß vorbei.
Wenn d' Haxn Eisbein, Jungs de Buam,
und Möhren gar de gelbn Ruam,
bal d' Reherl Pfifferlinge san,
und wo zur Sahne werd der Rahm,
da wo statt Semme Brötchen steht,
da ist doch wirklich oisam z' spät.
I jedenfalls schwör hier und heut
für alle Tag, für alle Zeit,
daß niamals net aus meinem Mund
a solch a preußischs Wörterl kummt.
I schwörs euch, daß i's net vergiß.
Des war's für heut dann.

. . .
      Also T s c h ü ü ß!

Das Heimatlied

Verschlafa liegt der Königssee,
a Gamserl steht drobn auf der Höh,
horcht auf ein schönes Lied derwei,
wiegt sanft das Haupt zur Melodei.
Das Lied bis zu den Gipfeln dringt,
der Almenrausch im Rhythmus schwingt,
das Edelweiß, der Enzian,
sie fangen leis zu schunkeln an:

Refrain:
Du mein Gebirg, mein Loisachtal,
ihr Gletscherspalten breit und schmal.
Du Bergeswelt, so hehr und rein,
ich wollt, ich wär für ewig dein!
I gaang gern auf de Kampenwand,
wenn i mit meiner Wampn kaannt.

Der Jagerloisl nickt: Jawohl,
der Schmuggler trällert mit vorm Zoll.
Das Ahndl wackelt mitm Kopf,
voll Rührung bebt sein Doppelkropf.
Bis in die Sennerhüttn drobn
erschallt des Wilddiebs Jodelton:
Voll Inbrunst singt auch glockenrein
der Wurzelsepp des Liedes Reim:
Refrain:
Du mein Gebirg ..

Der Sennrin, die grad melkt die Goaß,
werd's um ihr Herzerl sakrisch hoaß.
Der Hirsch, der um die Zeit sonst röhrt,
das Wildschwein, das sich grad vermehrt,
der Auerhahn beim Balzen grad,
sie alle werden plötzlich stad
und fallen schließlich beim Refrain
vielstimmig und ergriffen ein:
Refrain:
Du mein Gebirg ...

Geht net ...

„Geh, Fräulein, an Schweinsbratn mit gmischtn Salat!"
„Geht net, is ausganga grad!"
„Dann bittscheen oamal Zigeunerspieß!"
„Geht net, weil er gstricha scho is!"
„Na gebn 'S ma halt nacha oamal Tartar!"
„Geht aa net, is aa scho gar!"
„Was, dann leckan S mi doch glei am ...!"
„Geht aa net, weil ma Selbstbedienung jetzt ham!"

Veränderung

Der Gsangl siegt am Nockerberg
am Nachbartisch an Mo.
„Ja, der Herr Böhmerl, da schau her!"
redt er denselbn o.
„Sie schaung ja so ganz anders aus
mit Eahnre dunkln Haar.
Sie habn doch früahra blonde ghabt
vor no vielleicht am Jahr.
Und kleana kemmans aa mir vor,
wenn i ganz ehrlich bin.
Dafür sans damals dicker gwen,
jetzt sans ja furchtbar dünn!"
„Was", moant der ander, „soll der Quatsch?"
und schaugt recht grantig drein.
„Ich heiß nicht Böhmerl, sondern Seitz,
was fällt Ihnen bloß ein?"
„Na", moant der Gsangl, „gibt's des aa,
wia Sie se gändert ham!
Jetzt hams zu allem übrigen
aa no an andern Nam'!"

Münchner Freuden

Auf d' Bavaria naufsteign und durch ihre Augn
a Zeitlang auf d' Münchner Stadt abeschaugn.
Bei am Eisbecher sitzn auf der Leopoldstraßn
und d' Sonna schee warm ins Gsicht scheina laßn.
Im Tierpark drauß zuaschaugn, wia d' Bärn gfuaddert wern,
d' Elefantnkuh Stasi a Liadl spuin hörn.
Zum Valentin in sei Musäum naufgeh
auf a Schmalznudl und a Tassn Kaffee.
Alte Büacher durchblattln da drauß auf der Duit
und zuahorcha, wenn d' Karussellmusi spuit.
Im Botanischn Gartn nachschaugn, was blüaht,
in d' Isaraun wandern und abnds dann schee müad
bei a Radlermaß und am Limburger no
in am Wirtsgartn sitzn ganz gmüatli dann wo.
Mal im Deutschn Museum für a paar Stundn
se wundern, was de Leut ham für Sacha erfundn.
Ins Asamkircherl auf a Gsatzl schnell nei
und drinna a bißl nachdenkli sei.
Wenn der Herbstwind de letztn Blattl wegwaht
durchn Südlichn Friedhof wandern schee stad.
So vui dads zum doa gebn, grad mehra wia gnua.
Doch wia oft hast des do scho, sei ehrlich, gibs zua!

Oskar Weber über Helmut Zöpfl

Helmut Zöpfl erblickte am 25. November 1937 in München das Licht der Welt.
Seit 1971 ist er Professor an der Universität München. Neben seinen wissenschaftlichen Veröffentlichungen kann Helmut Zöpfl auf eine Reihe von Gedichtbänden verweisen, darunter die Titel „Geh weiter, Zeit, bleib steh!", „I wünsch Dir was", „Aber leb'n, des möcht i bloß in Bayern", „Bloß net aus der Ruah bringa lassn" und „Zum Gsundlachen". Eine Mundartlyrik, die vielgestaltig der Dialektdichtung neue Ausdruckskraft verleiht.

Daneben schrieb er die Worte für die „Bayerische Messe", den Zyklus „Bayrisch durchs Jahr" und Texte für viele Lieder. Daß er zum Gedichtschreiben gekommen ist, verdankt er, wie er selber sagt, Sigi Sommer, der 1970 sein erstes Verserl in die Hand bekam und ihn zum Weitermachen ermunterte.
Seither hat er sich als moderner Mundartdichter einen Namen gemacht, wie die Verleihung des Münchner Literaturpreises und des Bayerischen Poetentalers beweisen. Seine ungewöhnliche Sprach- und Formbegabung beweist er vor allem in seinen glossierenden Versen und zeitkritischen Gedichten. Hier meldet Zöpfl seinen pointierten skeptischen Großstadthumor kräftig an. Seine oft philosophische Ironie in Versen geht weit über ein behagliches, gefälliges Mittelmaß hinaus und weist zweifelsohne literarische Werte auf.

20. Auflage
©2021 Rosenheimer Verlagshaus GmbH & Co. KG, Rosenheim
www.rosenheimer.com

Umschlagbild und Illustrationen: Dieter Olaf Klama
Druck und Bindung: GGP Media GmbH, Pößneck
Printed in Germany

ISBN 978-3-475-52080-8